안 팔려서 답답할 때
읽는 판매의 기술

# 안 팔려서 답답할 때 읽는
# 판매의 기술

상황을 뒤집는 기발한 마케팅 이야기

가와카미 데쓰야 지음 | 장재희 옮김

비즈니스랩

**들어가며**

여러분이 서점에서 이 책을 집어 들었다면 아마도 무언가 제품이나 서비스를 팔고 있는데 그게 영 안 팔려서 고민을 한 적이 있기 때문일지도 모르겠다. 그 마음, 아주 잘 이해한다. 물건을 팔기 위해서는 잡다하고 복잡한 마케팅 이론이나 체계가 있겠지만, 내 나름대로 최대한 심플하게 표현하자면 '상품력'과 '파는 법'. 이게 전부다.

이 책에서는 이 두 가지 요소 중 '파는 법'만 집중적으로 다루어 독자 여러분께 새로운 관점을 제공하고자 한다. 어려운 마케팅 용어나 체계는 사용하지 않을 것이다. 이 책을 쓰게 된 계기는 2017년 여름 이 책의 편집자로부터 다음과 같은 메시지를 받은 것 때문이었다.

> *"《안 팔리는 물건을 파는 방법? 그런 게 정말 있다면 알려주세요!》라는 책을 기획하고 있습니다. 작가님, 집필해 주실 수 있으신가요?"*

직감적으로 굉장히 재미있는 제목이라고 생각했다. 하지만 내심 정말 그런 방법이 있다면 내가 알고 싶을 정도였다. 게다가 별것도 아닌 상품을 교묘한 말을 이용해 억

지로 파는 행위는 나의 사상에 어긋나기도 했다.

나의 이런 생각들을 담아 답변을 회신하자 또다시 그에게서 이렇게 답변이 돌아왔다.

**"물론 상품 자체가 좋다는 것이 대전제가 되어야겠지요. '좋은 상품인데도 불구하고 잘 안 팔리네.' 이런 고민을 하는 비즈니스맨들이 엄청나게 많다고 생각해요. 그런 사람들에게 도움이 될 수 있을 만한 책이 있으면 좋겠다고 생각했어요. '상품은 그대로 두고 파는 법만 바꿔서' 잘 파는 비법이 가득 담긴 책을 만들고 싶은 겁니다. 그것도 될 수 있는 한 쉽게, 어려운 마케팅 용어는 다 빼고 말이죠."**

오호. 참 괜찮은 관점이라고 생각했다. 왜냐고? 바로 '상품은 그대로 두고 파는 법만 바꾼다'라는 점 때문이었다. 이로써 '파는 법을 바꾸는' 것을 더욱 두드러지게 할 수 있기 때문이다.

물론 '상품' 자체가 중요한 것은 말할 필요도 없다. '잘 안 팔리는 상품'을 만들어 놓고 그것을 어떻게 팔지 생각하기 전에 먼저 '팔리는 상품'을 개발하는 것이 이치에 맞다. 다만 현실적으로 상품 개발 단계부터 관여할 수 있는 사람은 한정되어 있다. 이미 만들어진 상품을 가지고 '자, 이제 이걸 어떻게 팔까?' 하고 고민하는 사람들이 더 많은 게 현실인 것이다.

나는 지금까지 이야기가 가진 힘을 마케팅에 접목한 '스토리텔링 판매'를 키워드로 내걸고 저서나 강연 등을 통해 '팔기 어려운 시대에 잘 파는 방법'을 많은 사람에게 알려 왔다. 하지만 '스토리텔링'이라는 뼈대를 만들기 위해 필요한 '논리'에 먼저 중점을 두고 이야기해 왔기 때문에, 구체적인 판매 방법에 대해서는 지금까지 이야기할 기회가 많지 않았다. 하지만 현실적으로는 매일매일 '어떻게 팔아야 할지'로 고민하는 사람들이 많이 있다.

그렇다면 그 사람들에게 힌트가 될 수 있는 책을 쓴다는 것은 큰 의미가 있을 것이다. 게다가 그동안 일을 하면서 보고 들은 '판매 방법'에 대한 지식과 견문 또한 충분했다. 이것은 마침 좋은 기회였다. 그야말로 절묘한 타이밍이지 않은가. '감사하게도 이런 좋은 제안을 해 주시다니'라고 생각한 나는 "꼭 쓰게 해 주십시오."라고 답변을 보냈다.

이 책에서는 처음부터 끝까지 물건은 그대로 두고 다른

요소만을 바꿔서 잘 팔리게 할 수 있는 방법에 대해 이야기해나가려고 한다. 어려운 이론이나 구구절절한 논리는 일절 나오지 않을 것이다. 이해를 돕기 위하여 에피소드를 약간 재구성한 것도 있고, 구체적인 기업명이나 가게명 등을 기재하지 않은 사례도 많이 있다. 정확한 이론이나 논리를 좋아하는 사람이라면 다른 책을 읽는 편이 좋을지도 모르겠다. 일부러 많은 사람이 알고 있을 법한 유명한 사례를 든 것도 있다. 하지만 '이런 것쯤은 나도 알아.' 하고 치부하기보다는, 거기에서 힌트를 얻고 상품이 아닌 판매 방법만을 바꾸어 기회를 잡을 수 있으면 좋겠다.

이 책에서는 총 7가지 파는 법을 소개한다. 물론 여기 쓰여 있는 대로 판매한다고 해서 상품이 갑자기 잘 팔린다는 보장은 없다. '이렇게 하면 잘 팔린다'라는 마법의 방정식이 있다면 이 세상에는 인기 상품밖에 없었을 것이다. 학자들이 주창하는 마케팅 이론대로 팔았더니 대박이 났다는 케이스는 존재하지 않는다. 그만큼 '잘 팔린다'라는 현상에는 다양한 요소가 얽혀있는 것이다. 그렇기 때문에 물건을 파는 건 어렵다고도 할 수 있고, 그렇기 때문에 물건을 파는 건 재미있다고도 할 수 있다. 이왕이면 물건을 팔 때 즐기면서 파는 것이 좋지 않겠는가? 그게 더 좋은 결과를 많이 만들어 줄 것 같은 느낌이 들기 때문이다. 이 책을 '안 팔리는 물건도 즐겁게 팔기 위한 아이디어 모음집'으로 활용해 주신다면 저자로서 무척 기쁠 것 같다.

가와카미 데쓰야

# 차례

| 들어가며 |   5

## 1장. 셀링 포인트를 바꿔라
- 카피, 카테고리, 이름, 비주얼을 이용해 상품 가치 올리기   13

## 2장. 시간을 바꿔라
- 영업시간, 제공 속도, 계절 등을 이용해 특별한 상품으로 만들기   39

## 3장. 장소를 바꿔라
- 판매 지역, 위치, 채널 등을 바꿔서 새로운 기회 개척하기   65

## 4장. 타깃을 바꿔라
- 상품의 가치를 알아볼 새로운 타깃 모색하기   93

## 5장 가격을 바꿔라
- 고객의 마음을 흔드는 마법의 가격 요법                    113

## 6장 방식을 바꿔라
- 고객의 만족도를 높이는 기발한 판매 아이디어들              139

## 7장 목적을 바꿔라
- 돈을 버는 것과 물건을 산다는 것 이외의 의미를 부여하기      165

| 마치며 |                                               181

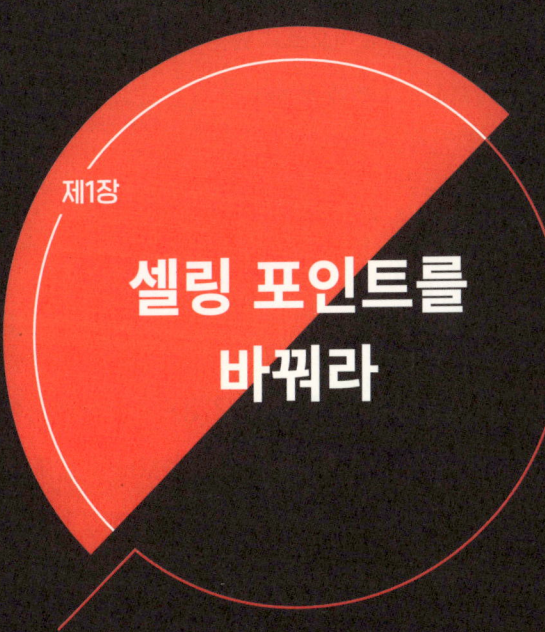

# 제1장

# 셀링 포인트를 바꿔라

카피, 카테고리, 이름, 비주얼을 이용해
상품 가치 올리기

## 두루마리 휴지 심을 판다고!?

얼마 전 한 여성 작가분과 이야기를 나누다가 TV 광고에도 나오며 요즘 화제로 떠오르고 있는 중고거래 앱 이야기가 나왔다. 그녀는 그 앱에 푹 빠져 있다고 했다.

"진짜 뭐든지 팔 수 있다고요."
"뭐든지는 좀 오버 아닌가요?"
"오버가 아니라니까요. 예를 들면 화장실에서 쓰는 두루마리 휴지 심도 팔 수 있어요."

두루마리 휴지 심을 팔 수 있다고? 실제로 그녀의 아이 친구 엄마가 '30개 세트'를 500엔에 내놓았더니 금세 팔렸다고 했다. 처음에는 반신반의했지만 어떤 특징을 강조해서 팔았는지를 듣고 나니 휴지심이 팔린 이유가 납득이 갔다. 과연 어떤 특징을 강조한 카피를 적어서 휴지 심을 팔았을까? 잠깐 생각해 보시기 바란다. 그 답은……

"아이들의 만들기 숙제 재료로 가져가세요."였다.

특히 여름방학 시즌에 잘 팔린다고 하는데 아마도 아이들의 만들기 숙제 재료를 찾는 부모들이 사려고 하는 것 같다. 마찬가지로 '페트병 뚜껑', '우유 종이팩', '주방용 비닐 랩 심' 등도 여러 개 모아서 팔면 만들기 재료용으로 잘 팔린다고 한다. 답을 들으면 '아하!' 하고 납득이 가겠지만 쉽게 떠오르지 않는 발상이다. 그야말로 상품의 특징과 장점을 새로운 관점에서 제안함으로써, 원래였다면 버렸을 물건에 가치를 부여하여 판매한 사례이다.

제1장에서 우리가 바꾸는 것은 소비자의 구매 욕구를 불러일으키는 상품의 특징이다. 다른 말로 '셀링 포인트'라고 한다. 물론 상품 자체는 바꾸지 않는다. 상품을 보는 관점, 카테고리, 이름, 비주얼 등을 바꿈으로써 셀링 포인트를 바꾼다. 그 결과, 고객이 그 상품의 새로운 가치를 발견하게 되고, 지금까지 팔리지 않던 상품도 잘 팔리게 되는 것이다.

## 평범한 캠코더를 날개 돋친 듯 판매한 비결은?

그렇다면 상상해 보시기 바란다. 당신은 홈쇼핑 회사 직원이다. TV에서 캠코더를 팔게 되었다. 특별히 대박 난 상품도 아니고, 다른 회사에 비해 특출한 성능이 있는 것도 아닌 상품이다. 자, 어떻게 팔아볼까.

성능이나 스펙을 열심히 어필한다? 라이벌 상품들과 비교한다? 어쨌든 가격이 저렴하다는 사실을 계속 강조한다? 이 캠코더로 아이들의 성장 과정을 남길 수 있다고 하면서 부모의 심리에 기대어 본다? 이런 것들로 수많은 사람이 이 캠코더를 갖고 싶다고 생각할까?

그런 평범한 캠코더인데, 이것을 폭발적으로 판매한 사람이 있다. 그게 바로 일본 최대 홈쇼핑 기업인 재패넷 타카타JAPANET TAKATA의 창업주인 타카타 아키라 씨다. 타카타 씨는 캠코더의 '성능이나 스펙'도, '가격'도, '아이들의 성장'도 아닌 다른 것을 가장 우선적으로 어필했다. 그로 인해 매장에서는 그다지 팔리지도 않던 캠코더가 어마어마하게 팔렸다고 한다. 자, 그렇다면 타카타 씨는 어떻게 판매했을까?

타카타 씨는 다음과 같은 셀링 포인트를 우선적으로 내세워 캠코더의 가치를 완전히 바꾸었고, 이를 폭발적으로 판매했다.

**"비디오 촬영 시 아이들뿐 아니라 부모님도 함께 영**

상 속에 들어와 보세요. 20~30년 후 아이들이 어른이 되어 다시 영상을 돌려보면, 자신들의 어린 시절 모습보다도 부모님의 젊은 시절 모습을 볼 수 있다는 게 더 기쁠 겁니다."

그러고 보니 나 역시 돌아보면 부모님의 젊은 모습에 눈이 더 간다. TV를 보던 많은 사람도 그렇게 생각했을 것이다. 그 결과, 그 캠코더는 스펙과 성능에 상관없이 날개 돋친 듯 팔렸다. 왜냐하면 그 방송을 본 많은 사람에게 캠코더의 가장 중요한 가치는 스펙도 성능도 아닌, 그저 찍을 수만 있으면 되는 것이 되어버렸기 때문이다.

즉 타카타 씨는 '캠코더'라는 상품에 '영상을 촬영하는 기계'가 아니라 '나의 젊은 날 기록을 자녀에게 남기는 도구'라는 새로운 가치를 부여한 셈이다. 이러한 예시가 바로 상품은 그대로 두고 셀링 포인트를 바꿈으로써 새로운 가치를 창출한 것이라고 할 수 있다. 또 이를 통해 많은 사람에게 '사고 싶은 마음'이 들게 했다고도 할 수 있다.

재패넷 타카타는 그 후 같은 주제로 TV 광고를 제작했다. 클로징 카피는 '아이들을 위하여 나를 찍자'이다. 여러분이 팔고자 하는 상품의 셀링 포인트는 무엇인가? 지금 그 상품이 잘 팔리지 않는다면 셀링 포인트를 바꿔보는 게 어떨까?

## 전기세 폭탄 히터를 팔리게 한 카피

'드롱기 히터'라는 상품에 대해 들어 보았는가? 이탈리아의 가전제품 제조업체가 만든 오일 내장형 히터이다. 더운 바람도 나오지 않으면서 조용하고 공기도 쾌적하게 유지해 준다. 그런데 이 히터만 튼다고 해서 방이 따뜻해지지는 않는다. 그런 것치고는 전기사용료가 제법 많이 나온다. 이 히터는 유럽에서 메인 난방 기구로 먼저 방을 따뜻하게 만든 후 실내 온도를 유지하기 위한 보조 난방 기구로 보급이 됐는데, 애초에 일본에서는 전혀 팔리지 않았다.

그러나 한 통신판매업체가 이 상품의 셀링 포인트를 한 줄짜리 카피로 축약해 내보내자 창사 이래 처음으로 초대박을 기록했다. 이 기업은 과연 어떤 카피로 어떤 셀링 포인트를 전달했을까? 그것은······.

**'침실에 두면 밤새도록 호텔과 같은 쾌적함'**

즉 침실용 히터임을 셀링 포인트로 삼은 것이다. 그전까지 '침실용 히터'라는 것은 없었다. 유일한 난방 기구인 일반 히터를 쓰면 '더운 바람이 나오는 게 싫다', '시끄럽다', '환기가 걱정된다', '건조해서 목이 아프다' 등과 같은 이유로 난방 자체를 포기한 사람들이 잠재적으로 많았다. 그들에게 조용하면서 적당한 온도를 유지시켜 준다는 드롱기 히터의 특징은 큰 가치로 여겨졌다.

이것은 지금으로부터 30년도 더 된 에피소드인데, 이 통신판매업체는 지금도 이 셀링 포인트로 히터를 계속 판매해 스테디셀러를 기록하고 있다. 여러분이 지금 잘 안 팔린다고 고민하는 상품에도 아직 아무도 셀링 포인트로 삼지 않은 가치가 잠들어 있지는 않은가?

## 킷캣이 수험생에게 인기 상품인 이유

입시 시즌이 다가오면 마트 등 과자 매대에는 수험생들의 합격을 기원하는 상품들이 잔뜩 진열된다. 몇 가지 사례를 들어보자.

### 「킷포 포키」(에자키글리코)

: 원제품인 포키$^{Pocky}$의 발음을 거꾸로 하면 킷포가 된다. 이는 길보를 의미한다. 즉 좋은 소식이라는 뜻이다.

### 「Toppa」(롯데)

: 원제품인 Toppo를 목표를 돌파하라는 의미를 주기 위해서 돌파를 뜻하는 'Toppa'로 변형했다.

### 「우 카-루」(메이지 제과)

: 원제품의 이름은 '카-루'로, '시험에 합격하다'라는 뜻의 '우카루'와 같은 발음의 이름인 '우 카-루'로 변형했다.

### 「합격을 노려라! 코알라 마치」(롯데)

: 원제품은 '코알라 마치'로, 코알라는 나무에 매달려 자는 동안에도 나무에서 '떨어지지 않기' 때문에 합격과 엮을 수 있었다.

**「합격 바카우케」**(쿠리야마 미과)

: 원제품의 이름은 '바카우케'로, 합격한다는 의미의 '우케루'에서 비롯되었다.

이들 중 원조 격이 된 것이 바로 네슬레 재팬$^{Nestle\ Japan}$ 제품인 '킷캣$^{Kit\ Kat}$'이다. '반드시 이길 거야!'를 의미하는 말인 '킷토 카츠요'는 규슈 지방 방언으로 '킷토 카츠토'다. 이 말이 '킷캣(일본어로 '킷토캇토'라고 발음)'과 발음이 비슷하다는 이유로, 규슈 지역 수험생들이 너도나도 마치 부적처럼 이 초콜릿을 사기 시작한 것이다. 그것이 2002년 무렵부터 전국으로 유행하며 인기를 얻었고, 2004년부터 본격적으로 수험생을 대상으로 한 프로모션이 시작됐다. 그 결과, 지금 현재 킷캣은 수험생의 합격을 기원하는 과자의 기본 중의 기본이 되었다.

이 상품들은 평상시에 팔던 상품들과 내용물 면에서는 거의 차이가 없다. 다만 언어유희를 사용해서 '수험생들의 합격을 기원하는 부적 상품'이라는 새로운 '셀링 포인트'를 가미하여 새로운 가치를 창출한 것이다. 여러분이 팔고자 하는 상품에도 어버이날, 혹은 밸런타인, 핼러윈, 크리스마스 등 기념일이나 이벤트와 관련된 셀링 포인트를 가미해 보는 건 어떨까? 참고로 '블랙선더$^{black\ thunder}$'라는 초콜릿은 30엔(한화로 약 300원)으로 매우 싸다. 이 점을 이용하여 '딱 봐도 별 의미 없이 주는 의리 초콜릿'이라는 것을 새로운 '셀링 포인트'로 삼으면서 밸런타인데이에 폭발적으로 팔리게 되었다.

## 엔터테인먼트적 요소를 가미한 인기 상품들

앞서 과자 판매의 사례에서도 보았겠지만, 내용물은 같은데 여기에 엔터테인먼트적 요소를 약간 가미함으로써 새로운 셀링 포인트가 탄생하는 경우도 있다. '댐 카레'에 대해 들어본 적이 있는가? 강물을 막아두는 댐을 모티브로 한 카레라이스로, 밥은 댐의 제방처럼, 카레 소스는 댐이 막아둔 호수처럼 만들어 담은 것이다.

관광명소인 댐 주변에 있는 식당에서 팔았던 것인데, 10년 전부터 서서히 퍼져나가게 되었고, 지금은 댐이 있는 지역 곳곳에서 인기 상품이 되었다. 그 지역 댐과 구조를 비슷하게 만든 것도 많고, 부재료를 사용해 자연경관 등을 표현한 것도 있다. 그중에는 부재료인 비엔나소시지를 걷어내면 마치 댐에서 물이 개방되는 것처럼 카레가 흘러나오게 한 것도 있다.

댐에 오면 댐 카레를 먹으며 즐거워하는 사람들이 많은데, 잘 생각해 보면 카레의 맛 자체가 특별한 것은 아니다. 이것은 카레를 그릇에 어떻게 담을지를 고민하고 연구해, '여기서만 먹을 수 있는 음식'이라는 엔터테인먼트적 요소를 새로운 '셀링 포인트'로 삼은 것이 인기로 이어진 것이다.

교토의 한 수족관에서, 전시된 물고기 못지않게 인기가 많은 빵에 대해 들어 보았는가? 바로 '수족빵'이다. 수중 생물들을 형상화한 빵으로, 종류로는 거북이, 펭귄, 가든일$^{garden\ eel}$, 개구리, 점박이물범 등이 있다. 특히 아이들에게 인기가 많으며, 그중에는 이 빵을 종류별로 다 먹어보고 싶어서 재구매하는 가족들도 있다고 한다. 이것도 역시 따지고 보면 내용물은 일반 빵과 다르지 않지만 엔터테인먼트적 요소가 가미되면서 인기를 얻은 상품이다.

## 관점을 바꾸면 새로운 가치가 보인다

어떤 상품을 바라보는 관점을 바꿈으로써 새로운 용도나 기능이 발견되어 새로운 가치가 탄생하는 경우도 있다. 초도 그렇다. 전기가 없던 시절에는 밤에 불빛을 만들어 주는 조명의 역할을 해 왔다. 그러나 전등이 널리 사용되면서 초는 정전이 발생했을 때와 같은 비상용 불빛이라는 가치밖에 남지 않게 되었다. 그래서 그 후 초가 없어졌는가? 그렇지 않다. 지금은 방의 분위기를 바꾸거나 할 때 사용되고 있다. 같은 물건이라도 용도가 바뀜으로써 셀링 포인트가 바뀌고 가치가 바뀌는 것이다.

안경은 또 어떨까. 안경은 지금껏 보이지 않는 것을 잘 볼 수 있게 하는 것이 가장 중요한 기능이었다. 그런 가운데 많은 브랜드가 디자인이나 소재 등으로 차별화를 꾀해 왔다. 그러나 최근에는 'PC 작업을 해도 눈이 쉽게 피로해지지 않는 안경'이나 '꽃가루 알레르기 방지 안경' 등과 같이 지금까지와는 다른 기능을 가진 안경들이 인기를 누리게 되었다. 하지만 이러한 움직임은 '물건을 바꾸는', 즉 상품 자체에 손을 쓴 결과 얻게 된 인기이기 때문에 이 책의 주제와는 조금 맞지 않는 것 같다. 그렇다면 안경 자체는 그대로 두고 '셀링 포인트'를 바꾸어 폭발적으로 팔리게 하는 방법은 없을까?

예를 들면 '이성에게 인기가 많아지는 안경'처럼 말이다. 남성을 대상으로 하는 안경이라면 여성에게, 반대로 여성용이라면 남성에게, 각각 수백 명에게 설문조사를 하여 '인기 있는 스타일'이라는 관점에서 상품 라인업을 정한다. 어떤 얼굴에는 어떤 안경을 쓰면 인기를 얻을 수 있는지 이성의 관점에서 조언해주는, 그런 안경점이 있다면 어떨까.

인기뿐만 아니라 '스마트해 보인다', '선해 보인다', '일 잘할 것 같다' 등과 같이, 제품의 퀄리티가 아닌 '내가 원하는 내 모습을 연출한다'는 가치로 판매하는 것이다. 회사에서는 '일 잘할 것 같은 안경', 데이트할 때는 '외모를 돋보이게 해주는 안경', 그런 셀링 포인트로 판매한다면 지금까지 잘 팔리지 않았던 안경도 팔리게 될지 모른다. 여러분이 팔고자 하는 상품에도 셀링 포인트가 될 다른 용도나 기능이 있지는 않은가?

## 카테고리를 바꾸어 돌파하다

상품이 잘 팔리지 않을 때 '카테고리'를 바꿈으로써 폭발적으로 물건이 팔리게 하는 방법도 있다. 특히 우리와 생활 습관이 다른 해외에서 팔 때, 카테고리를 변경해서 팔리지 않았던 상품이 갑자기 팔리기 시작하는 경우가 있다. 지금부터 일본 식품이 해외시장에 진출했을 때 '카테고리'를 바꿈으로써 판매에 성공했던 사례를 문제 형식으로 다루어 보겠다. 여러분도 꼭 한번 생각해 보시기 바란다.

첫 번째 사례는 닛신식품그룹의 컵라면 브랜드인 컵누들CUPNOODLE이 처음으로 미국에 진출했을 때의 일이다. 당시 미국에서는 컵라면 같은 걸 먹어본 사람이 없었기 때문에 애초에 마트 진열대에 오르지도 못했다. 그러자 영업사원은 마트 책임자에게 뭐라고 소개하면서 컵누들을 영업했을까? 정답은…….

**건더기가 많은 '수프'이다.**

당시 미국 마트에는 컵라면 코너가 없었다. 하지만 인스턴트 수프는 이미 판매되고 있었다. 수프는 원래 다양한 종류와 맛이 있는 것이기에, 거기에 면이 들어가 있다

해도 그리 이상하지 않았다. 그래서 일단 미국 소비자들에게 익숙한 '수프'라는 '카테고리'로 접근하여 성공적으로 판매할 수 있었다.

두 번째 사례는 한 이탈리아 남성의 일이다. 일본 여성과 결혼한 이 남성은 아내의 친정에서 보내온 어떤 식품을 보고 이것을 이탈리아에서 팔면 대박이 나지 않을까 생각했다. 그리고 그 식품을 '파스타'라고 판매하자 눈 깜짝할 새에 초대박이 났다. 아내의 친정에서 보내온 식재료는 무엇이었을까? 힌트를 하나 드리자면 일본에서는 전골냄비 요리에 주로 사용하는 식재료이다. 그것은 바로…….

### 곤약으로 만들어진 '건 실곤약'이다.

이것을 '젠$^{ZEN}$ 파스타'라고 명명하여 판매하자 저칼로리에 저탄수화물이라는 점 때문에 큰 인기를 얻었다. 이 곤약을 파스타 먹듯이 소스에 비벼서 먹는 게 유행이라고 한다. 이것도 '전골에 넣는 사리'에서 '다이어트 전용 파스타'라는 카테고리로 변경하면서 성공한 사례이다. 여러분이 지금 잘 안 팔려서 체념하고 있는 상품들도, '카테고리'

를 바꿔보면 어떨까? 새로운 가치가 태어날 수도 있다.

## 이름을 바꾸어 가치를 올리다

상품명을 바꿈으로써 폭발적인 판매에 성공한 사례들도 있다. 한 예로, 뉴욕에 진출한 하카타(일본 현의 항만이 발달한 지역) 음식점의 사례를 들 수 있다. 이 음식점의 주인이 메뉴판에 명란을 '명태의 알'로 써 놓았더니 주문이 들어오기는커녕 "그런 역겨운 걸 왜 메뉴판에 써 놓은 거죠?"라면서 불만을 토로하는 손님도 있었다고 한다. 그래서 메뉴 명을 '하카타 스파이시 캐비어'라고 바꾸어보았더니, 조금씩 주문이 들어오기 시작했고 결과적으로 '샴페인과 잘 어울리는 요리'라는 큰 호평을 얻게 되었다고 한다. 고급 식재료인 캐비어와 마찬가지로 생선알을 사용한 요리의 일종이라는 점을 강조하는 이름 덕분에 명란을 처음 접하는 미국인들도 이 음식을 쉽게 받아들이고 맛있게 먹을 수 있었던 것이다.

그 밖에 이러한 사례도 있다. 몇 년 전까지만 해도 생선은 자연산만 고급 상품으로 취급되었고, 양식 생선은 가치가 떨어진다고 여겨져 왔다. 브랜드로는 '오마 참치', '아카시 도미', '세키 전갱이', '마쓰와 고등어', '죠카 가자미' 등 지명에서 유래한 자연산 생선이 당연시되었다.

그러나 요즘은 양식 생선이 브랜드화되는 케이스가 증가하고 있다. 그 선구 역할을 한 것이 '긴다이 참치'였다. 긴키대학 수산연구소가 30년 넘는 세월에 걸쳐 개발한 양식 참치의 이름이다. '대학 이름'과 '참치'를 조합한 네이밍이 탁월하게 작용하여, 양식 생선의 이미지가 크게 바뀌었다.

그것 말고도 얼마 전 인상적이었던 네이밍은 귀한 가문의 아가씨라는 뜻의 '오조사마'와 고등어를 뜻하는 '사바'를 조합한 '오조사바'였다. 이는 돗토리현에서 양식되는 참고등어의 브랜드명으로, 정식 명칭은 '돗토리 태생의 곱게 자란 아가씨 오조사바'이다. 오조사바는 지하 해수를 끌어 올려서 치어 단계부터 모두 육지에서 완전 양식으로 키운 고등어이기 때문에 고등어의 최대의 약점이라 할 수 있는 기생충이 없어 날것으로도 먹을 수 있다. 이는 언어유희를 잘 사용했을 뿐만 아니라 소중하게 키웠다는 스토리까지 담아낸 멋진 네이밍이라고 생각한다. 이것이 만약 '돗토리산 양식 고등어'라는 이름이었다면 그 가치는 전혀 전달되지 않았을 것이다.

농작물도 이름이 중요하다. 야채류를 통신판매하는 '오이식스oisix'는 야채에 이름을 잘 붙인다. 이들이 판매하는 야채에는 본래 품종명이 아닌 독자적인 이름이 붙어 있다. 복숭아처럼 달콤하고 육즙이 풍부하다는 '피치 순무', 식감이 입에서 살살 녹는다는 '도로 가지', 여름철 고랭지에서 수확한 '천공의 양배추', 그 밖에도 '만월 고구마', '황금 복숭아' 등이 있다. 한번 맛보고 싶어지지 않는가?

미국에서 유명한 '요시다 소스Mr.Yoshida's'에도 비슷한 에피소드가 있다. 파인애플을 배합한 소스를 '차이니즈 소스'라는 이름으로 판매했더니 전혀 팔리지 않아 크게 실패하고 말았다. 그래서 내용물은 거의 그대로 둔 채 '하와이안 BBQ 소스'라고 이름을 바꾸고 라벨도 트로피컬한 디자인으로 바꾸어서 다시 판매했더니 큰 성공을 거두었다고 한다.

물론 상태가 안 좋거나 맛이 없는 상품은 아무리 이름을 바꾸어서 판매한다 해도 재구매를 이끌어낼 수 없다.

하지만 잘 만들어진 상품인데 잘못 지은 이름 때문에 안 팔린다는 건 너무 안타까운 일이다. 그럴 때는 새로운 이름을 붙임으로써 상품의 셀링 포인트를 바꿔보는 게 어떨까? 그 가치를 인정받게 될 지도 모른다.

## 이름을 붙이면 새로운 가치가 생긴다

이름을 바꿔서 새로운 가치를 인정받은 경우도 있지만, 원래 이름이 없던 것에 이름을 붙여서 새로운 가치를 탄생시킨 경우도 있다. 여기서 문제를 한번 내보려 한다. 다음 도시들의 공통점은 무엇일까?

- 홋카이도현 무로란시
- 가나가와현 가와사키시
- 미에현 욧카이치시
- 후쿠오카현 기타큐슈시

이 도시들의 공통점은 모두 해안가에 거대한 공장지대가 있다는 점이다. 그저 공해의 상징으로만 여겨졌던 공장지대인데, 그 기능미 때문에 마니아들 사이에서는 화제가 되고 있었다. 특히 밤에 보는 공장 풍경은 SF영화의 한 장면 같아서 환상적이기까지 하다. 2000년대 중반부터 이러한 공장지대의 밤 풍경이 '공장 야경'이라 불리게 되었다. 그러자 이 풍경의 가치가 급상승하게 되었다.

많은 사람이 이 '공장 야경'을 보고 싶다고 생각하게 된 것이다. 공장 야경 열풍의 선구 역할을 한 가나가와현 가와사키시에서는 크루즈를 타고 공장 야경을 볼 수 있는 '공장 야경 크루즈'가 실시되었고, 그 후 하토버스(도쿄 도내와 가나가와현 내에서 정기 관광버스 및 전세버스를 운행하는 회사)에서도 공장 야경과 관련된 투어가 만들어지면서 예약을 잡기 힘든 인기 코스가 되었다.

일본 전국의 다른 도시에서도 가와사키를 뒤따르려는 움직임을 보이면서, 2011년에는 위의 4개 도시가 모여 '제1회 전국 공장 야경 서밋'이 열리게 되었다. 지금은 여기에 6개 도시가 추가되어 10개 도시에서 공장 야경과 관련된 여행상품을 판매하고 있다. 이 도시들은 모두 관광으로는 거의 주목받지 못했던 도시들이다. 이를테면 인기 없던 도시가 '공장 야경'이라는 말 때문에 어느 날 갑자기 각광을 받게 된 것이다.

이처럼 예전에는 그냥 왠지 모르게 좋다고만 생각하던

것에 좀 더 명확하고 매력적인 이름을 붙임으로써 더 큰 가치를 창출하는 경우도 있다. 여러분이 판매하는 제품이나 서비스에도 아직 이름이 붙여지지 않은 가치가 있지는 않은가?

## 비주얼을 바꾸어 인기 폭발한 초콜릿

같은 상품이지만 '비주얼'을 바꾸면서 폭발적으로 판매가 된 경우도 있다. 요즘 일본에서 판매되는 것 중에 메이지 제과의 '더 초콜릿'이라는 상품이 있다. 이전부터 판매되던 상품이지만 그다지 잘 팔리는 상품은 아니었다. 그래서 내용물과는 별개로 '포장'을 대대적으로 리뉴얼하게 되었다.

일반적으로 초콜릿 포장은 가로형에 초콜릿 사진, 상품명, 맛의 특징 등이 크게 적혀 있는 것이 정설이다.

그러나 리뉴얼된 포장에는 그런 요소들이 부각되지 않았다. 초콜릿 사진 대신에 카카오 열매 실루엣이 세로로 그려져 있고 열매 속 기하학적인 무늬가 반짝반짝 빛나는 여성 취향의 디자인으로 리뉴얼되었다.

당연히 회사 내 고위층들은 이런 게 팔릴 리가 없다고 말하며 반대했다. 그러나 상품 개발자는 젊은 여성들을 대상으로 한 인터뷰 조사를 근거로 내세우면서 "여러분들 나이대가 타깃이 아닙니다."라고 잘라 말하며 판매를 밀어붙였다. 그 결과 이 상품은 이례적인 인기를 기록하게 되었다.

## 이름과 비주얼을 바꿔서 성공한 사례들

'이름'과 '비주얼'을 모두 바꾸어 잘 팔리게 된 경우도 있다. '네지사우르스$^{Neji-Saurus}$'라는 공구에 대해 들어 보았는가? 홈이 뭉개지거나 녹슬어 일반 드라이버로 돌릴 수 없게 된 나사를 빼 주는 전용 공구이다. 1만 자루라도 팔리면 많이 팔린 것이라 일컬어지는 이 업계에서, 네지사우르스는 2002년 판매 시작 이래 시리즈 누계 250만 자루 이상 팔리고 있는 요물이다.

실은 이 상품은 예전에 '소형 나사 플라이어'라는 이름으로 2년 전부터 판매되고 있었다. 그러나 전혀 팔리지 않았다고 할 수 있을 정도로 판매량이 적었다. 그래서 판매 전략을 바꾸게 되었다. 전문 도매상뿐 아니라 DIY 생활용품을 종합적으로 다루는 홈 센터 등에도 납품하기 위하여 사내공모로 이름을 모집한 것이다. 그 결과 이 '네지사우르스'라는 공룡 스타일의 이름이 되었고 포장도 이에 맞게 바뀌게 되었다.

그러자 놀라운 기세로 판매되기 시작했다. '소형 나사 플라이어'의 첫 달 판매 대수가 15자루에 그친 데 반해 '네지사우르스'는 약 4,500자루가 팔렸다. 연간 판매 개수도 800자루에서 약 7만 자루로, 100배 가까이 팔린 것이다.

'하나셀럽Hana-Celeb'이라는 고급 화장지 역시 이름과 포장 디자인을 새롭게 리뉴얼해서 크게 인기를 모은 상품이다. 이 상품은 원래 '모이스처 티슈'라는 이름이었으나 판매한 지 8년이 지나도 점유율이 영 늘지 않았다. 그래서 내용물은 그대로 유지하면서 포장과 이름을 바꾸기로 결정했고, 광고대행사에 제안서를 써 달라고 요청했다.

광고대행사에서 코라는 의미의 일본어 '하나(鼻)'와 셀럽celeb을 조합해서 지은 '하나셀럽'이라는 이름과 하얗고 보들보들한 동물의 코에 포커스를 둔 포장 디자인을 제안했다. 처음에는 직원의 대부분이 이러한 이름과 디자인이 언뜻 보기에 장난처럼 느껴진다고 하면서 이 제안을 반대했다. 하지만 담당자 중 한 명이 이러한 콘셉트를 마음에 들어 하면서 이 아이디어를 채택했다. 결과적으로, 이름과 비주얼을 모두 바꾼 '하나셀럽'은 폭발적으로 팔리는 히트상품이 되었다. 매출은 3배로 뛰었고 한 자리 수였던 점유율이 눈 깜짝할 새에 20%를 넘어섰다.

당초에 포장 디자인에 그려진 동물은 '토끼', '바다표범', '염소'로 세 종류였으나 무슨 이유 때문인지 '염소'만 팔리지 않고 남게 되었다. 조사 결과 '염소의 눈이 무섭다'라는 것이 그 이유였다. 그래서 이후에 염소는 '백곰'으로 변경되었다. 내용물은 완전히 똑같은데 잘 팔리는 동물 포장지와 잘 팔리지 않는 동물 포장지가 있다는 것도 참 재미있지 않은가?

## 제1장 정리

여러분이 판매하려는 상품의 셀링 포인트를 다음의 관점에서 다시 생각해 보자.

- 셀링 포인트를 담은 '카피'를 사용함으로써 새로운 가치를 창출할 수 없을까?

- '이벤트'에 초점을 두어 새로운 가치를 창출할 수 없을까?

- 엔터테인먼트적 요소를 넣어 재미있을 것 같은 가치를 창출할 수 없을까?

- 상품을 보는 관점을 바꾸어 또 다른 기능을 발견할 수 없을까?

- 상품의 '카테고리'를 바꾸어 새로운 가치를 탄생시킬 수 없을까?

- 이름을 바꾸어 상품 가치를 끌어올릴 수 없을까?

- 상품을 지금까지 없었던 개념으로 명명함으로써 셀링 포인트를 찾을 수 없을까?

- 포장 디자인 등 상품의 비주얼을 바꾸어 상품 가치를 끌어올릴 수 없을까?

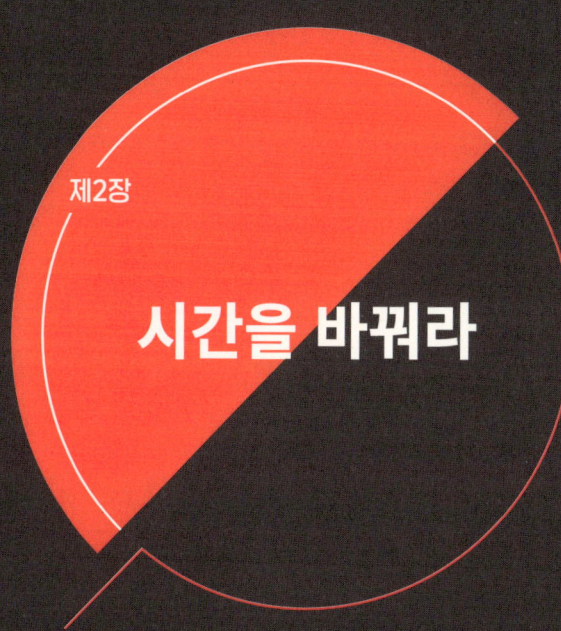

# 제2장
# 시간을 바꿔라

영업시간, 제공 속도, 계절 등을 이용해
특별한 상품으로 만들기

## 유니클로 1호점의 발상을 전환한
## 새로운 시도는?

문제를 하나 내보겠다. 현재 일본 최고의 자산가는 누구일까? 여러 인물이 머릿속을 스쳐 지나가지 않았는가? 휴대전화 통신사로 유명한 그 사람? 거대 전자상거래 사이트를 구축한 그 사람? 도심에 큰 빌딩을 마구마구 세우고 있는 회사의 오너?

모두 틀렸다. 바로 여러분이 살고 있는 곳에도 하나쯤은 꼭 있을 그 캐주얼 의류용품 체인점 오너다. 바로 유니클로UNIQLO의 창업자인 야나이 다다시 씨다. 2016년 조사에 의하면 자산이 무려 1조 8,000억 엔 이상으로 알려져 있다. 정말 상상조차 할 수 없는 액수다.

야나이 씨는 대학교 졸업 후 대형 마트에 입사했는데 반년 남짓 다니다 퇴사했다. 그 후 도쿄에서 특정 직장 없이 아르바이트 생활을 하다가 야마구치현 우베시에 있는 고향 집에 돌아가 부친이 경영하는 신사용품점 일을 돕게 된다.

자신이 근무했던 마트와 업무 효율성이 너무나도 차이가 나기에 의견을 말했다가 그때까지 다니던 점원 6명이 모두 그만둔 적도 있었다고 한다. 그 덕분에 구매, 판매, 회계, 인사 등을 모두 혼자 책임지게 되면서 20대라는 젊은 나이에 회사의 책임을 한 손에 떠맡게 되었다. 이윽고 학생들을 대상으로 하는 캐주얼 의류점을 내고 싶다고 생각한 야나이 씨는 1984년 6월 2일 히로시마시의 혼도오리 상점가 구석에 있는 아파트 1, 2층에 유니클로 1호점을 출점하게 된다. 이때 야나이 씨는 발상을 전환한 '새로운 시도'를 했다. 무엇이었을까?

## 시간을 바꾸면 기회가 생긴다

제2장에서 바꾸는 것은 '시간'이다. '시간은 금이다'라는 속담도 있지만 판매하는 시간, 기간, 타이밍, 계절 등을 바꿈으로써 물건이 극적으로 많이 팔린 사례들이 있다. 사람은 생각 이상으로 '시간'에 속박되어 행동하고 있기 때문이다.

음식점의 경우에 점심이나 저녁 시간대에는 붐비지만 그 이외의 시간에는 텅텅 비어 있을 때가 많다. 전철이나

버스 등 교통기관은 아침, 저녁 시간대에 제일 복잡하다. 쇼핑몰은 평일과 주말의 혼잡도의 차이가 크다. 고속열차나 비행기에는 황금연휴 기간이나 연말연시에 가장 사람이 많다. 해수욕장이나 스키장처럼 1년 중 특정 시기에만 많은 사람이 찾는 장소도 있고, 유명한 축제가 벌어지는 며칠 동안에는 전국에서 사람들이 밀려오지만 그 시기 외는 한산한 도시들도 있다.

많은 회사나 가게들은 이러한 사람들의 유동성에 따라 영업시간을 생각한다. 하지만 이는 경쟁업체들도 마찬가지여서, 결국에는 치열한 경쟁에 놓이게 될 것이 불 보듯 뻔하다. 그럴 때 '판매하는 시간'을 바꿈으로써 경쟁을 피하고 혼자 승리를 거머쥐는 방법이 있기도 하다.

반년 전에 하네다 공항에서 새벽 6시경 국제선 항공편에 탈 일이 있었다. 편의점에서 자질구레한 것들을 사려했지만, 공항에 아슬아슬하게 도착하는 바람에 우선은 출국 수속부터 마쳤다. 24시간 운영하는 공항이니 게이트 안에도 매점 같은 것이 있을 거라고 생각했는데 게이트 내에 있는 편의점, 드러그스토어, 음식점은 거의 다 6시에 개점하는 곳이었다. 열린 곳이라곤 넓은 면세점뿐이었는데 정작 내가 필요한 물건은 없었다. 그래서 결국은 쇼핑을 포기하고 비행기에 올라탔던 기억이 있다.

여러분들도 분명 이와 비슷한 경험이 있을 것이다. 가게가 모두 문을 닫은 상태라, '지금 열려 있었다면 조금 비싸더라도 샀을 텐데!' 하고 생각했던 경험 말이다.

혹은 어느 공항에서 환승 등으로 대기시간의 여유가 생기면서, 어쩌다 보니 열려 있던 면세점에서 대량으로 이것저것 사버린 케이스 등등.

이 장에서는 이처럼 '시간'을 바꾸어 폭발적으로 물건을 팔리게 만드는 노하우를 알려드리고자 한다.

## 유니클로 1호점의 기적

앞에서 말한 유니클로 1호점의 이야기로 돌아가 보자. 그때 야나이 씨가 취한 기발한 시도란 무엇이었을까? 답은 개점을 새벽 6시에 하기로 한 것이다. 따라서, '개점시간의 상식을 바꾼 것'이다. 왜 그런 시간에 하기로 했을까? 바로 유니클로 1호점의 콘셉트가 '학생들을 위한 캐주얼 의류점'이었기 때문이다.

  10시나 11시에 개점하게 되면 평일의 경우 학생들은 한창 수업 중인 시간이다. 오려고 해도 올 수가 없다. 그렇다면 차라리 수업 시작 전 이른 아침에 오픈을 하면 어떨까 생각한 것이다. 물론 아침 일찍 오픈하는 게 더 눈에 띌 거라는 의도도 있었을 것이다. 유니클로 1호점은 상점가라고는 해도 메인 거리에서 떨어진 아파트에 있었기 때문에 가게의 존재를 알리기 위해서는 눈에 띌 필요성이 있었다.

  사전에 근처 고등학교 주변에서 전단지를 뿌리긴 했으나 정말 그 시간에 사람들이 올지 직원들은 모두 불안해했다. 개점 2시간 전에는 아무도 나타나지 않았다. 역시 안 되는 건가 하고 생각하고 있는데, 여기저기서 사람들이 모여들기 시작했고, 개점이 임박한 무렵에는 긴 행렬을 이루고 있었다. 직원들은 아침 일찍부터 줄을 선 사람들에게 감사를 담아 팥빵과 우유를 나누어주었다고 한다. 너무나도 긴 행렬이 이어진 나머지 라디오에서 취재까지 하러 나왔는데, 이때 출연했던 야나이 씨가 "더 이상은 오지 말아주세요."라고 호소했을 정도로 성공적이었다. 당연히 이른 새벽부터 엄청난 행렬을 이룬 사실은 입소문으로 퍼져나가 뉴스에도 나왔을 것이다. 그 후의 유니클로의 약진을 예측하게 하는 에피소드이지 않은가? 유니클로는 이때 이후에도 1990년대 중반까지 새 점포를 오픈할 때마다 새벽 6시에 가게를 열었고, 줄을 선 사람들에게 팥빵과 우유를 나누어주었다고 한다.

## 개점시간과 영업시간을 바꾸어 성공한 사례들

유니클로 1호점의 사례에서도 알 수 있듯 '영업시간을 바꾸는 것'이 큰 무기가 되는 경우가 있다. 예전에 오사카로 출장을 갔을 때, 아침 7시에 회사 건물들이 늘어선 거리의 역 안 서점 앞을 지나다가, 가게 밖으로 삐져나올 정도의 사람들이 서서 책을 보고 있는 것을 본 적이 있다. 보통 서점이 문을 여는 것은 10시나 11시이다. 아침 일찍부터 열려 있는 서점이라니 흔치 않다.

하지만 직장인 중에는 서점을 지나가며 들르고 싶어도 그러지 못하고, 퇴근 시간에는 이미 닫혀있어서 가지 못하는 사람들이 많다. 그런 사람들의 수요가 있었을 것이다. 영어회화 학원이나 요가 학원 등도 마찬가지로 새벽부터 영업을 하는 곳이 있으며, 의외로 인기가 많은 모양이다. 아침에 수업을 듣는 게 일정을 세우기 쉽고 스케줄 관리도 할 수 있기 때문이라고 한다. 아침에 여는 클럽도 있다. 심야 영업 음식점에서 늦게까지 일하는 사람들이 찾는 경우가 많다고 한다.

반대로 보통은 열려 있지 않는 시간인 심야에 운영하는 가게들도 있다. 예전에 도쿄 도내에 사무실이 있었을 때, 바로 근처에 새벽 5시까지 하는 마사지숍이 있어 종종 이용하곤 했다. 한 번에 10명 정도 마사지를 받을 수 있고, 주택가 근처에 있음에도 불구하고 밤중에 항상 사람이 많았다.

서점의 경우, 예전에 롯폰기에 있는 아오야마 북센터가 심야까지 영업을 하여 편리하게 이용하곤 했다. 카피라이터였던 나는 마감이 코앞에 닥친 심야에 아이디어가 떠오르지 않을 때 종종 그 서점을 방문했다. 책의 제목을 보고 있기만 해도 기획안이 떠오르는 경우가 있었기 때문이다. 심야 시간대임에도 불구하고 제법 손님들이 많아 TV에서 볼 법한 문화인들이 대량으로 책을 사는 모습을 보기도 했다.

대만에서 가장 큰 대형서점 체인인 '청핀서점$^{Eslite\ Bookstore}$'은 1999년 당시 플래그십 스토어였던 타이베이점과 둔난점을 24시간 영업으로 바꾼 결과 그곳이 '심야 데이트 장소'가 되면서 큰 화제를 일으켰다. 이는 그 후 청핀서점이 약진하는 계기가 되었다.

단순히 이용하기 편리하다는 의미뿐 아니라 전략적인 의미로 개점시간을 설정하는 방법도 있다. 예를 들어 몇 년 전 한 도넛 판매점은 '심야 0시'에 개점한다고 해서 화제가 되었다. 밤중에 가동하는 그 체인점의 센트럴 키친을 점포에 두고 '갓 만들어진 도넛을 바로 제공하겠다'라는 취지였다. 얼마 후 이 점포는 심야임에도 불구하고 사람들이 줄을 서게 되면서 큰 인기를 누렸다. 그 후 많은 손님의 요청에 따라 막차 시간에 맞출 수 있게 22시 개점으로 바뀌었고, 지금은 20시 개점으로 바뀌었다고 한다.

만약 처음부터 20시 개점이었다면 어땠을까? 아무래도 0시 개점에 비해 화제성이 떨어졌을 것이다. 넘겨짚은 추측일 수도 있지만, 먼저 심야 0시 개점으로 화제를 일으킨

다음 많은 사람이 찾아오기 좋은 시간대로 서서히 바꾼다는 전략이었을지도 모른다. 이 생각이 맞으면 '훌륭한 전략이었다'라고 인정할 수밖에. 여러분이 팔고자 하는 물건도 파는 시간대를 바꾸면 더 잘 팔리게 될 수도 있다.

## 24시간 동안 영업하는 의외의 업종들

최근에는 24시간 영업하는 피트니스 클럽이 늘어나 번창하고 있다. 이유가 뭘까? 24시간 영업하는 피트니스 클럽의 대부분은 수영장 같은 편의시설 없이 트레이닝 머신만 갖춘 작은 곳들이 많은데, 그만큼 월 회비가 저렴하다. 지금 일반 피트니스 클럽에는 고령 이용자가 많은 데 비해, 24시간 영업 피트니스 클럽은 20~30대 남성들이 많은 것이 특징이다. 늦은 밤에 잠깐 와서 재빠르게 트레이닝을 마치고 집에 갈 수 있다는 점에서 호평을 받는 듯하다. 바쁜 세대들이라면 그렇게 하는 게 더 자주 이용하게 되고 가성비도 좋기 때문일 것이다.

    24시간 영업하는 선술집도 늘어나고 있다. 선술집이기

때문에 밤 시간대에는 메인 손님들이 온다. 심야 시간대에도 회식 2차나 3차로 오는 경우가 많다. 한밤중부터 새벽까지는 야간 일을 마치고 온 사람들로 붐빈다. 물론 오전에는 손님들의 발걸음이 덜한 모양이지만, 그 시간대에는 재료 손질을 하고 점심시간에는 점심 식사를 판매한다. 게다가 낮에도 술자리 손님이 계속 들어온다고 한다. 이 시간대에는 특히 고령 손님들의 단체 술자리가 많다. 어떤 선술집에서 24시간 영업을 한번 시도해 보았더니 제법 수요가 있었고, 그 이후에 비슷한 곳이 계속 늘어나고 있다. 이 방법이 성공적으로 통했다는 뜻이다.

나도 얼마 전 한 지방 도시에 강의를 하러 갔다가, 점심시간에 바다의 집(해수욕객을 위한 숙소나 식당 등을 갖춘 오두막) 스타일의 24시간 영업 선술집에 들어갔었다. 평일에, 그것도 점심시간 전임에도 불구하고 정작 점심 식사를 하는 사람은 적었고, 아무렇지 않게 술을 마시고 있는 그룹이나 커플들이 제법 있었다. 유카타(여름철에 평상복처럼 입는 얇고 간편한 기모노)풍 유니폼을 입은 가게 여직원들은 저들끼리 수다를 떠느라 정신이 없었는데, 그것마저도 허용할 수 있는 느슨한 분위기가 흐르고 있었다. '아침이든 점심이든 당당하게 술을 마실 수 있는 이런 분위기'야말로 이곳이 번창하는 비결이 아닐까 생각했다.

지금으로부터 10년 전, 간사이 지방의 오래된 다다미(짚으로 만든 판에 돗자리를 씌운 일본식 전통 바닥재) 제조사가 영업 방식을 바꾸면서 7년 만에 매출이 7배나 오르는 급성장을 이루어냈다. 일반적으로는 쇠퇴 산업이라 여겨지는 업계에서 어떻게 그런 일이 일어났을까?

비결은 업계의 상식을 깨고 24시간 영업으로 바꾼 데에 있었다. 그 제조사의 사장이 점심을 먹으러 한 음식점에 들어갔다가, 좌식 바닥의 다다미가 제법 상한 것을 발견한 것이 그 계기였다. 가게 주인에게 그 사실을 지적하면서 넌지시 영업했는데, "우리 가게는 심야까지 영업하기 때문에 다다미를 교체할 시간이 없다"라며 거절했다고 한다.

그때 사장의 머릿속에 어떤 생각이 떠올랐다. 만일 가게 영업 종료 이후에 다다미 교체 작업을 시작해서 다음 날 영업 시작 전에 끝낼 수 있다면, 새 다다미로 교체하고 싶어 하는 점포가 많이 있지 않을까? 그런 생각으로 24시간 영업을 시작해 보았더니, 그의 예상대로 음식점들을 중심으로 다다미를 교체하려는 주문이 빗발쳤다. 다다미는 교체하고 싶지만 가게 영업을 쉬고 싶진 않은 음식점들의 강한 수요가 있었던 것이다. 지금까지 아무리 팔려고 해도 영 팔리지 않았던 물건들도 서비스 시간대를 바꾼다면 거기에 큰 수요가 잠들어 있을지도 모른다. 이것은 다른 업종에서도 응용할 수 있지 않을까?

## 단 하루만 팔아서 성공하다

바로 앞에 언급한 사례와는 반대로 영업시간을 짧게 줄여 물건이 폭발적으로 팔린 경우도 있다. 도치기현의 주택가에 있는 한 빵집은 1주일에 단 하루, 매주 토요일 아침에만 영업을 한다. 식빵 전문이고 가격도 상당히 비싼 편으로, 한 봉지에 1,300엔(한화로 약 1만 3000원) 하는 것도 있다.

그러나 아침 9시 개점 전부터 손님들이 줄을 서고 2시간도 채 지나지 않아 완판된다. 가까운 지역뿐 아니라 인근 6개 현을 아우르는 간토 지방 일대 여기저기서 손님들이 찾아온다고 한다. 물론 모든 재료를 꼼꼼히 확인할 뿐 아니라 달걀도 양계장까지 가서 직접 들여오는 등 그 가게만의 고집이 있긴 하지만, 이것도 매일 판매하는 것이었다면 이렇게까지 인기를 누리지는 못했을지도 모른다.

영업은 매일 하지만 일주일에 하루만 다른 메뉴를 제공하여 인기를 얻게 된 가게도 있다. 도쿄 이케부쿠로의 한 장어집은 40년 된 오래된 가게로 평소 점심에는 장어덮밥이 메인이다. 하지만 금요일에만 점심으로 제공하는 '카레라이스'가 유명하여, 그날은 카레를 먹으려는 손님들이 몰려온다고 한다. 원래는 가게 직원들이 먹는 식사 메뉴였는데, 이를 손님들에게 살짝 내놓았다가 평이 좋아 판매까지 하게 된 것이다. 하지만 명색이 장어 전문점이라는 점과 재료 준비에 시간이 걸린다는 점 때문에 금요일 한정 메뉴로 제공하기로 한 것인데, 오히려 더 높은 인기를 얻게 되었다고 한다. 이것도 주 1회 한정이기 때문에 더욱 먹고 싶어 지는 것일지도 모른다.

유통기한을 한정하는 방법도 있다. 교토의 한 상가를 개조한 카페의 '유통기한 10분'짜리 디저트가 화제가 되고 있다. 이름하여 '10분 몽블랑'. 왜 10분인가 하면, 원래는 바삭하면서도 촉촉한 식감이지만 나온 지 10분 만에 몽블랑 속에 들어 있는 머랭의 가벼운 식감이 서서히 수분을 흡수하면서 눅눅한 식감으로 바뀌게 되기 때문이다. 그런 이유로 매장 내에서만 먹을 수 있고 주문이 들어오면 만들기 시작한다. 물론 맛도 훌륭하지만 역시 '10분 몽블랑'이라는 이름이 탁월했다고 본다. 먹고 나면 다들 SNS에 '순삭 몽블랑'이라고 쓰고 싶어질 것이다.

여러분이 팔고자 하는 상품 중에서 시간을 한정하여 빛을 발할 것 같은 제품이나 서비스는 없을까? 갓 만들었을 때가 맛있는 음식 등이라면 시간을 한정하기만 해도 단번에 프리미엄 같은 느낌을 줄 수 있을 것이다.

## 더 빠르게 혹은 더 느리게

제품이나 서비스를 제공하는 데 걸리는 시간을 바꾸어서 잘 팔리게 되는 경우도 있다. 1960년 미국 미시간$^{Michigan}$ 주 입실란티$^{Ypsilanti}$에 있는 학생 거리에 작은 피자가게가 문을 열었다. 그 피자가게는 소규모인데다 후발주자였기 때문에 과감한 콘셉트를 승부로 내걸었다.

그것은 바로 '따끈따끈한 피자를 30분 내에 배달해 준다는 것'이었다. 게다가 시간 내에 배달하지 못하면 요금을 받지 않겠다고 홍보했다. 그렇다. 그 피자가게는, 후에 미국 전역으로 퍼져 급기야 일본을 비롯한 전 세계 70개 국가와 지역에 1만 점 이상의 점포를 가지고 있는 '도미노피자Domino's Pizza'이다.

당시 도미노피자보다 맛있는 피자집은 여럿 존재했다. 많은 피자가게가 '우리 가게는 화덕으로 굽는다', '좋은 재료를 쓴다' 등 '맛'을 내세웠다. 그런 가운데 도미노피자는 '맛'이 아닌 '신속한 제공 시간'을 내세워 다른 피자가게를 제치고 불티나게 판매하는 데 성공한 것이다.

일반적으로도 제공 속도를 올리는 것이 상품 가치를 올린다고 여겨진다. 많은 전자상거래 사이트들도 '빨리, 빨리'를 추구해 왔다. 그 결과 익일배송은 당연한 것이 되었고 당일배송과 같은 서비스도 나오게 되었다.

한편으로는 이것이 배송업체에 대한 부담을 키우는 등 사회문제로 발전하게 되었다. 그래서 최근 그에 반하는 서비스가 화제가 되고 있다. 이 서비스의 명칭은 '서두르지 않는 배송'이다. 이는 한 패션 관련 전자상거래 사이트가 도입한 것으로 3일 이내에 배송되는 서비스이다. 요금도 익일배송을 보증하는 특급배송보다도 100엔(한화로 1000원) 저렴하게 책정되어 있다. 생각해 보면 그리 급하지 않은 쇼핑도 있는 법이다. 인터넷에서는 "예전부터 이런 게 있으면 좋겠다 싶었던 서비스가 생겼다."라는 목소리가 많다고 한다. 이 서비스가 매출 확대로까지 이어졌는지는 잘 모르지만, 적어도 그 기업의 인지도나 이미지 향상으로는 확실히 이어졌다고 본다.

이와 비슷한 사례로, 요코하마시를 중심으로 영업을 하는 택시회사 중에 '터틀택시'라는 서비스로 매출을 크게 늘린 기업이 있다. 터틀이란 거북이를 말한다. 즉, 터틀택시는 '천천히 달리는 택시'다. 그렇다고 단순히 법정속도보다 천천히 달린다는 의미는 아니다. 뒷좌석에 있는 '천천히 버튼'을 누르면 운전기사가 평소보다 더 천천히 속도를 내리거나 조심스럽게 속도를 올리며 운전을 하는 서비스이다.

택시는 일반적으로 급할 때 타는 것이라는 이미지가 있다. 그런데 좀 더 천천히 가 달라는 요청을 한 손님이 있었다. 그래서 고객 100명에게 설문조사를 했더니 무려 80%

정도가 천천히 달리면 좋겠다는 의견을 낸 것이다. 그래서 이 '터틀택시'라는 서비스를 도입하게 되었다. 이 서비스를 도입한 결과, 지명 배차 요청을 하는 사람이 15%나 늘었다고 한다. 이처럼 상품을 제공하는 데 걸리는 시간을 바꾸어 새로운 가치를 창출해 보는 건 어떨까?

## 비어 있는 시간을 활용하라

신에노시마 수족관은 2004년부터 숙박형 야간 투어 '밤의 탐험대'를 계속 실시하고 있다. 평소엔 볼 수 없는 폐관 시간 이후의 밤의 수족관을 체험할 수 있다는 점에서 매우 인기가 좋다. 당초에는 어린이 한정이었지만 지금은 어른들도 숙박할 수 있는 프로그램도 있다. 이것은 밤에 영업을 하지 않는 업종이라면 응용이 가능하다.

예를 들어 백화점에서 밤의 탐험대를 모집해 보면 어떨까? 우량고객들을 초대해 아무도 없는 공간을 대절하여 쇼핑할 수 있게 하는 것이다. 백화점은 보통 밤 7~8시 정도에 문을 닫는다. 영업이 끝난 백화점에 들어가 본 적이 있는 사람은 한정되어 있을 것이다. 우월감과 설렘으로 이것저것 물건을 사주지 않을까?

시설이 비어 있는 시간대를 이용할 수 있게 하면 단순히 매출이 증가한다. 한때 닛폰여행<sup>Nippon Travel Agency</sup>의 유명한 가이드가 기획한 주부 대상 여행상품인 '복수투어 4시간 동안의 가출'이 크게 히트를 쳤다. 평소 밤에 놀러 다니던 남편에게 '복수'를 한다는 콘셉트 하에 고급 클럽, 고급 레스토랑, 트랜스젠더 쇼를 줄줄이 섭렵한다는 것이 투어 내용이다. 이 투어는 클럽, 레스토랑, 트랜스젠더 쇼 등이 원래 영업하는 시간이 되기 전인 초저녁 무렵에 시작한다. 그렇기 때문에 가게에 단체로 들어가도 다른 손님들과 부딪힐 일이 없고 다른 때보다 상당히 저렴하게 이용할 수 있다.

이를 응용해 레스토랑이나 요리점에서도 가게 개점 전 시간대에 '직원 식사 코스'를 판매해 보는 아이디어는 어떨까? 가게 직원들과 함께 그 가게의 직원 식사를 맛볼 수 있게 하는 것이다. 그 대신 음료는 셀프로 하는 등 손님 대접은 하지 않는다. 오히려 이를 즐기는 손님들도 많을 것이다. 가게 입장에서는 직원들의 식사를 조금 더 만들어

두기만 하면 매출이 올라간다는 장점이 있다.

'야도카리(소라게) 계'라고 불리는 카레전문점이 급증하고 있다는 사실을 아는가? '뭐? 소라게를 카레에 넣는다고? 난 못 먹어!'라고 생각하신 분. 그 뜻이 아니다. '야도카리 계'라는 것은 낮에 영업하지 않는 선술집이나 바$^{Bar}$ 등의 공간을 빌려(집이나 공간을 빌리는 것도 '야도카리'라 한다. 발음이 같아 생긴 언어유희) 낮 동안만 영업을 하는 가게를 말한다.

원래는 오사카에서 대중적인 업태였던 모양인데, 최근에는 도쿄에서도 늘고 있다고 한다. 영업을 하지 않는 시간을 다른 사람에게 빌려주어 임대료를 받는다. 빌리는 사람은 개점 초기비용이 들지 않는 데다, 주방도 빌려 쓸 수 있기 때문에 경제적인 이점이 크다. 자신의 가게를 내기 전 시험 차원에서 해볼 수도 있고, 원래 가게에 왔던 고객들이 올 가능성도 있다(물론 반대의 패턴도 있을 수 있다).

그렇다면 왜 카레를 팔까? 특별한 조리기구가 없어도 되기 때문이다. 재료 손질을 자택 등에서 해둔다면, 막말로 냄비와 접시와 수저만 있으면 가게를 열 수 있다. 이에 비해 만약 라멘 등이라면 다양한 특수 조리기구가 필요하다. 물론 카레가 아니어도 재료 손질을 해서 가지고 올 수 있는 것이라면 쉬울 것이다. 여러분도 운영시간이 아닌 시간대를 활용해 보면 어떨까? 그렇게 해서 수익을 창출하거나 다른 가치가 생길 지도 모른다.

## 아침 전용 커피와 겨울 한정판 맥주가 인기인 이유

지금으로부터 15년 전, 캔 커피 업계에서 충격적인 사건이 발생했다. 아사히 음료에서 아침 전용 캔 커피 '원다 모닝 샷Wonda Morning Shot'이 출시된 것이다. 그전까지는 다른 회사들이 원두나 제조법 등 '맛'으로 경쟁해 온 가운데, 이 커피는 '아침'이라는 한정된 '시간'을 히든카드로 내세웠다.

아침이라는 시간으로 한정했음에도 불구하고 '모닝 샷'은 이례적인 히트를 기록했고, 지금도 완전히 똑같은 콘셉트로 계속 판매되고 있다. 당시 원다 모닝 샷 출시 이전에 '원다'는 캔 커피 브랜드에서 5위 수준에 만족해야만 했다. 그래서 캔 커피의 가치를 재고하던 중 '아침 잠을 깨우기 위해', '업무 시작 전 정신을 차리기 위해' 캔 커피를 마시는 사람들이 많다는 사실을 알게 되었다. 그래서 '아침 전용'이라는 키워드를 붙여 판매를 했고 그것이 대박으로 이어진 것이다.

'계절'을 한정해서 성공한 사례도 있다. 지금으로부터 약 30년 전 일본 최초의 계절 한정 맥주 '삿포로 겨울이야기'가 발매되었다. 당시 맥주 회사들의 치열한 경쟁 속에 여름 판매가 한계에 봉착한 가운데, 수요가 줄어드는 겨울철에 대해 한정상품을 출시하자는 아이디어가 나왔고, 셰익스피어의 희곡 '겨울 이야기'에서 이름을 따오게 되었다. 이 맥주도 스테디셀러가 되어 지금까지 팔리고 있다.

위 상품들 모두 내용물 자체는 그 시간대나 계절에 맞추어져 있다. 그렇긴 하나 아무것도 모르고 마셨을 때 그 차이를 알 수 있는 사람은 적을 것이다. 여러분의 상품에도 '아침 전용', '겨울철 한정판'처럼 시간대나 계절을 한정하는 단어를 덧붙이면 어떨까? 새로운 가치가 생겨 잘 팔리게 될지도 모른다.

## 카피 하나로 제철을 바꾸다

장어는 여름철에 맛이 떨어지기 때문에 이 시기에는 장어 요리집에 손님이 눈에 띄게 감소한다. 그래서 장어는 에도시대 후반만 해도 가을과 겨울이 제철이었는데, 지금은 여름철 제철음식으로 여겨진다. 그 이유는 무엇일까? 답은 에도시대의 학자이자 작가인 히라가 겐나이가 쓴 카피, '오늘은 도요노우시노히'에 있다. 도요노우시노히는 일본의 대표적인 복날이다. 히라가 겐나이는 여름철 장어요리집을 위해 이 카피를 사용했다. 그는 '장어가 여름에 잘 팔리지 않는다면 여름으로 제철을 바꿔버리자'라고 생각하며 이 카피를 썼을 것이다.

이처럼 '이 상품은 이 계절엔 잘 안 팔린다'라는 선입견이 있는 상품도 말의 힘으로 제철을 바꿔버릴 수 있다. 몇 년 전 여름, 강연 차 한 지방 도시에 갔을 때, 상점가에 있는 일식집에 크게 '역시 여름엔 전골 요리지.'라고 써 있는 간판이 걸려 있는 것을 본 적이 있다. 그날 전골 요리를 먹지는 않았지만 이렇게 단언해버리니 땀 흘려가며 전골을 먹는 것도 나쁘지 않을 것 같다는 생각이 들었다. 이렇듯 '(역시) ○○엔 ××(이)지'라는 문구는 일종의 '만능키'다.

제철이 아닌 것을 '지금이야말로 할 때' 하고 단언해버린 뒤 왜 그것을 해야 할 때인지 덧붙일 이유는 나중에 생각하면 되는 것이다.

*'(역시) 겨울엔 아이스크림이지.'*
*'(역시) 겨울엔 제주도지.'*
*'(역시) 겨울엔 캠핑이지.'*
*'(역시) 여름엔 스키장이지.'*
*'(역시) 여름엔 온천이지'*
*'(역시) 여름엔 핫 요가지.'*

여러분들도 한번 시도해 보면 어떠실지?

## 제2장 정리

여러분이 상품을 팔려고 하는 시간과 상품을 제공하는 속도를 다음의 관점에서 다시 생각해 보자.

- '개점시간'을 특이한 시간대로 바꿔보는 건 어떨까?

- 경쟁사들과 영업시간을 다르게 함으로써 기회가 생길 수는 없을까?

- '24시간 영업'을 함으로써 상품의 수요를 늘릴 수 없을까?

- '영업시간이나 유통기한을 한정'하여 상품 가치를 올릴 수 없을까?

- '제공 속도를 빠르거나 느리게 만듦'으로써 새로운 가치를 창출할 수 없을까?

- '평소 들어갈 수 없는 시간'이나 '비어 있는 시간'을 이용하여 새로운 매출을 만들 수 없을까?

- '시간대 전용', '계절 한정' 등으로 상품 가치를 올릴 수 없을까?

- '카피를 이용해 제철을 바꿈'으로써 소비자의 텐션을 끌어올릴 수 없을까?

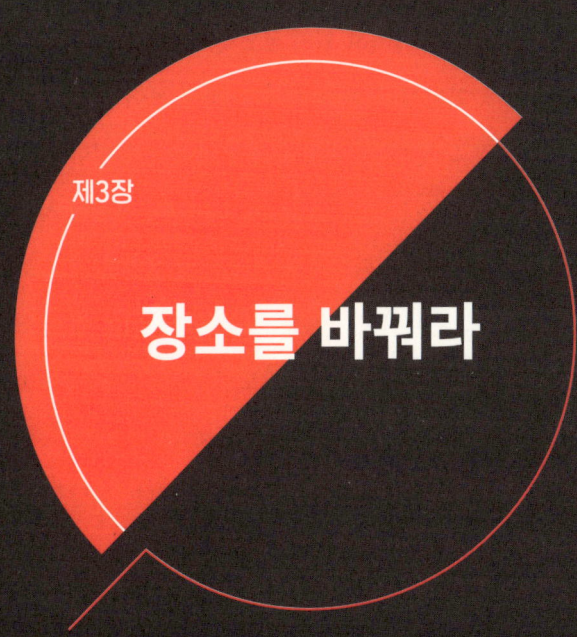

# 제3장
# 장소를 바꿔라

판매 지역, 위치, 채널 등을 바꿔서
새로운 기회 개척하기

## 사막에서 물을 팔듯 역 앞에서 우산을 팔다

얼마 전 어떤 역에서 내리자마자 갑자기 비가 세차게 내렸다. 접이식 우산도 가지고 있지 않았다. 다행히 역 바로 앞에 편의점이 있어서 우산을 사러 가게에 들어갔다. 때마침 점포 앞의 눈에 띄는 곳에 우산이 많이 진열되어 있었다. 하지만 놓여 있는 것은 모두 비닐우산뿐. 어차피 사야 한다면 가격이 조금 비싸더라도 제대로 된 우산을 사고 싶었다. 하지만 그런 우산은 놓여 있지 않았다. 비는 점점 더 거세게 내렸다. 결국에는 다른 방도가 없으니 하는 수 없이 그 비닐우산을 샀다. 가격은 700엔(한화로 약 7000원). 어쩌면 한 번밖에 사용하지 않을 비닐우산치고는 상당히 큰 지출이었다.

사 온 우산을 쓰고 빗속을 걸으면서 생각했다. 장사의 기본이라 일컫는 '사막에서 물을 팔다'라는 유명한 문구는 그야말로 이런 상황을 말하는 것이라는 걸. 어떤 상품이 꼭 필요하다고 생각하는 사람이 있는 장소에 그 상품을 가져다 놓으면 다소 비싸더라도 불티나게 팔린다는 뜻이다. 어쩌면 내가 다녀간 이후에도 그 편의점에 우산을 사러 오는 사람들이 많이 있었을 것이다. 그리고 한 달에 몇 번은 비슷한 일이 일어나고 있을 것이다. 편의점은 그것을 내다보고 가장 이익률이 높을 것 같은 비닐우산만 한정해서 팔고 있는지도 모른다.

그때 이런 생각도 했다. 역 앞에는 편의점뿐 아니라 다양한 가게들이 있다. 빵집, 꽃집, 서점, 음식점, 드러그스토어 등. 이런 가게들이 우산을 판매한다면 어떨까? 빵집이나 꽃집이라면 700엔짜리 일회용 비닐우산이 아니라 1,000엔 이상의 가격이면서 계속 쓸 수 있을 만한 예쁜 우산을 파는 것이다. 서점, 음식점, 드러그스토어라면 일정 금액 이상을 구매한 고객에게 우산을 50% 할인된 가격으로 제공하는 행사를 진행할 수도 있다. 물론 언제 팔릴지는 알 수 없다. 타이밍 좋게 비가 오는 건 한 달에 한 번 정도일지도 모른다. 하지만 그때만큼은 확실하게 팔릴 것이다. 우산은 음식처럼 썩는 것도 아니니 말이다. 반대로 우산 제조사 영업사원이라면 평소 우산을 납품하던 가게 외에 역 앞에 있는 가게에도 가보면 어떨까? "갑자기 비가 오거나 할 때 잘 팔릴 거예요."라는 영업 멘트를 하면 우산 납품을 승낙해 줄지도 모른다.

물론 이것은 역 앞에서 우산을 파는 것의 중요성을 말

하고자 하는 게 아니다. 비오는 날의 우산처럼 사람들이 당장 필요로 하는 물건이라면 가격이 다소 비싸더라도, 혹은 디자인 등의 선택지가 없어도 저절로 팔리게 된다는 이야기다. 마치 '사막에서 물을 파는' 것처럼. 그렇다면, 많은 사람이 여러분의 상품을 불가피하게 사게 만들기 위해서 어떤 장소에서 팔아야 할까?

제3장에서 바꾸는 것은 '장소'이다. 장사의 근본은 원래 '어떤 장소에서 싸게 손에 넣은 물건을 다른 장소에서 비싸게 팔아 차익을 얻는 것'이다. 즉, '장소를 바꾸는 것이 장사의 기본'이라고 해도 과언이 아닐지도 모른다. 이 장에서는 판매 지역, 판매 채널, 파는 가게, 상품 위치 등을 바꿈으로써 잘 팔리지 않던 것들이 팔리게 된 사례를 다루어 보고자 한다.

## 단 한 번도 실패한 적 없는 사장님의 비법은?

몇 년 전 한 지방 도시에서 여러 가지 사업을 하고 계신 사장님께 들은 이야기이다. 그 사장님은 음식점을 중심으로 다양한 업태의 가게를 경영하고 있었다. 결코 북적이는 도시는 아니었지만 그의 가게는 어디든 그럭저럭 장사가 잘 되는 모양이었다. 심지어 그 도시에서 흔치 않은 업태인 사업조차 거의 실패하는 일이 없었다. 대단한 아이디어맨인가 싶었더니, "아이디어는 무슨, 나는 요만큼도 떠오르는 게 없어요."라고 했다. 그렇다면 그는 어떤 방법을 썼던 것일까.

그의 비법은 바로 정기적으로 도쿄, 오사카, 후쿠오카 등 대도시에 음식점을 시찰하러 가는 것이었다. 장사가 잘 되는 업태의 가게들을 철저히 체크하며 '이거다!' 싶은 것들을 지방 도시에 맞게 현지화하여 가게를 냈던 것이다. 작은 도시이기 때문에 동종 업태의 대형 체인점이 들어올 일도 없다.

"그저 베끼기만 했을 뿐."이라고 그 사장님은 겸손하게 말했지만, 곧이어 "대도시에서 유행하는 걸 그대로 갖고 와도 우리 동네에서는 성공할 수 없으니, 어떤 형태로 현지에 맞게 적용할지가 관건입니다."라고도 했다. 장사에 대한 윤리 도덕은 사람마다 다르기에 이런 방법을 좋게 여기지 않는 사람도 있을 것이다.

하지만 생각해 보면 지금 일본에서 당연한 존재가 된 '마트', '편의점', '패스트푸드점' 등도 모두 원래는 미국에서 번창하던 업태를 일본 사정에 맞게 다듬어서 가져왔을 뿐, 실은 앞에서 이야기한 사장님의 방법과 다르지 않다. 즉 어딘가에서 번창하고 있는 업태를 아직 그것이 보급되지 않은 장소에서 펼친다는 것은 성공할 확률이 높은 수법이라고 볼 수 있는 것이다.

## 매장 판매에서 온라인 판매로 바꾸어 인기 폭발한 비치샌들

지금까지 잘 팔리지 않던 상품도 '오프라인 매장에서 온라인 판매로' 혹은 '온라인 판매에서 오프라인 매장으로' 판매 채널을 바꿈으로써 생각지도 못하게 많이 팔리는 경우가 있다. 먼저 오프라인 매장에서는 거의 팔리지 않던 상품이 온라인으로 판매 채널을 바꾸면서 생각지도 못한 성공을 이룬 사례를 한번 보자.

지금으로부터 15년도 더 된 이야기이다. 가나가와현의 쇼난 바닷가 부근에 있는 한 '잡화상'이 인터넷에서 비치샌들을 팔기 시작했다.

그전에도 가게에서 비치샌들을 팔기는 했지만, 여름철이나 근처 해수욕장에 놀러 오는 관광객들만 사 가는 계절상품이었다. 물건 자체는 괜찮았기 때문에 어느 정도 판매되긴 했지만 대단한 매출은 나오지 않는 상품이었다.

당시 이 잡화상의 매출은 계속 줄어들고 있었고, 무엇을 시도해 봐도 잘 안되어 곧 폐업할 위기에 놓였다 해도 과언이 아니었다. 인근 주민들마저도 "저 가게에서 물건을 사기가 창피하다."라고 하면서 뒤에서 수군거릴 정도였다. 그러던 중 이 잡화상은 기사회생을 꾀하며 비치샌들만을 다루는 전문점을 인터넷에 오픈했다. 신발 밑창과 끈의 조합을 선택할 수 있게 하였고, 다양한 색상을 보유하고 있는 점을 어필했다. 그랬더니 이것이 제대로 히트를 친 것이다. 비치샌들 전문점이라는 독특함까지 더해 폭발적으로 팔리게 되었다.

반경 수백 미터 내에 있는 고객들을 끌어모으려고 아등바등할 때는 무얼 해도 잘되지 않던 것이, 인터넷 판매를 하게 되면서 멀리 있는 사람들이 구매하게 된 것이다. 게다가 신기하게도 인터넷에서 산 고객들은 가게도 구경해보고 싶어지는지, 먼 지역에서부터 찾아오는 일도 생겼다. 그 기대에 부응하기 위해 현장에서만 살 수 있는 굿즈를 만들기로 하면서, 매장에 티셔츠나 가방 등도 비치해두게 되었다. 그리고 가게 한구석에 있던 비치샌들 코너를 전면에 두고 겨울에도 비치샌들을 메인으로 진열했다. 그러자 언론매체들도 잇따라 취재를 오기 시작하면서 유명 편집숍, 프로야구 구단, J리그 구단, 그 밖에도 기업들로부터 비치샌들 컬래버레이션 제의가 쇄도했다. 그 결과 이 잡화상은 '비치샌들' 하면 반드시 이름이 거론되는 유명한 브랜드가 되었다.

첫 장에서 등장한 재패넷 타카타도, 지금은 가전제품 온라인 판매회사로서 대기업이 되었지만 원래는 나가사키현 사세보시에 있는 조그마한 카메라 가게였다. 창업자인 타카타 아키라 씨는 온라인 판매를 시작하기 전에는 15년 동안 낮에는 카메라를 판매하고, 밤에는 근처 온천료칸에서 단체 손님의 사진을 찍어주고 다음 날 아침 인화해 간 사진을 그 자리에서 판매하는 생활을 계속했다고 한다.

그러던 어느 날, 지인을 통해 지역 라디오 방송에 출연하여 콤팩트 디지털카메라를 판매하게 되었다. 라디오라서 상품을 볼 수 없음에도 불구하고 고작 5분 동안 이야기한 것만으로 카메라가 무려 50대나 팔리면서 100만 엔의 매출을 기록했다. 이는 점포에서 팔리는 한 달 치 판매 대수를 한참 웃도는 결과였다. 그리하여 타카타 씨는 라디오를 통한 판매에 주력하게 되었고, 어느덧 TV까지 진출했다. 오프라인 판매에서 통신 판매로 장을 옮겨 크게 성장하게 된 것이다.

## 온라인에서 오프라인 매장으로 옮겨 대박 난 상품

이와는 반대로 인터넷에서 그냥저냥 팔리던 것을 오프라인 매장에 내놓기 시작하면서 크게 팔리게 된 케이스도 있다. 후쿠오카현의 작은 마을에 있던 한 식품회사는 인터넷으로 팔리던 상품을 오프라인 매장에 내놓으면서 대박이 났다.

회사의 근간은 전통 있는 간장 양조장이었는데, 십수 년 전까지만 해도 '다시(맛국물)', '다레(양념간장)', '쓰유(맛간장)'와 같은 조미료를 대형 식품제조업체로부터 위탁받아 만드는 하청기업이었다. 매출은 있었지만 하청기업인지라 소비자들에게 전혀 알려지지 않았다. 그래서 '이대로 가면 미래가 없다. 소비자에게 직접 닿을 수 있는 상품을 만들자.' 하고 생각하여, 큰맘 먹고 현지에 '자연식 레스토랑'을 열었다.

그러자 그 레스토랑의 대표 메뉴인 전골 요리가 맛있다는 평이 자자해졌고, 음식을 먹은 손님들이 꼭 한 번씩은 '다시'의 비밀이 무엇인지 묻곤 했다. 이를 계기로 회사는 큰 전환기를 맞게 된다. '그 정도로 문의가 많다면야.' 하고 가정용으로 쓸 수 있게 '다시'를 상품화한 것이다. 이 다시는 규슈에서 고급 식재료로 알려진 야키아고(날치를 구워서 말린 것)를 중심으로 천연 식재료를 배합해 종이팩에 포장한 것이다.

처음에는 그렇게 많이 팔릴 것으로 생각하지 않고 소소하게 온라인 판매를 하는 정도였는데, 사람들의 입소문을 타고 계속해서 팔리게 되었다. 그러자 소문을 들은 도쿄의 유명 상업시설에서 "우리 건물에 입점해 주세요."라는 요청을 보냈다. 도쿄에서 우리 상품이 팔릴 리가 없다며 몇 번이고 거절했지만 담당자의 열의에 못 이겨 도쿄로 진출하기로 결정했다. 온라인 판매로 팔기 위한 안테나숍 정도로 여기고 적자를 각오하고 출점했는데, 첫날부터 예상을 훨씬 웃도는 손님들이 밀려와, 예상했던 수준의 5배가 넘는 폭발적인 판매를 기록했다.

온라인 판매로 파는 동안 이 가게의 '다시'는 이미 수많은 팬을 보유하고 있었다. 그러다 오프라인 매장이 생긴다는 말을 듣고 팬들이 몰려든 것이다. 그 점포의 성공을 시작으로 이 회사는 많은 상업시설에 점포를 내게 되었고, 지금은 전국 각지의 상업시설, 백화점, 공항 등지에 약 30개 매장을 운영하게 되었다. 여러분이 팔고 있는 상품은 정말 지금 팔고 있는 판매 채널로만 팔 수 있는 것인가? 오프라인 매장에서 온라인 판매로, 온라인 판매에서 오프라인 매장으로 판매 채널을 바꾸거나 추가해 보면 어떨까? 큰 비약이 기다리고 있을지 모른다.

## 의외의 장소에서 의외의 물건이 폭발적으로 판매되다

평상시에 생각지도 못한 장소에서 의외의 물건이 팔리는 경우도 있다. 예를 들면 군 주둔지 내 편의점에서 폭발적으로 팔리는 의외의 상품이 있다. 무엇일 것 같은가? 바로 '여성용 메이크업 클렌징 용품'이다.

응? 여군들이 많아서 그런가? 그렇게 생각했다면 틀렸다. 남성 군인들에게 폭발적으로 팔리고 있는 것이다. 군인들은 야외훈련 등으로 얼굴에 위장크림을 바른다. 위장을 하기 위함으로, 초록색이나 갈색 등의 미채색이 기본이다. 위장크림은 부대에서 비품으로 제공되지만 이를 지우는 상품은 지급되지 않는다. 본인이 살 수밖에 없는 것이다. 게다가 매우 두껍게 화장하기 때문에 사용하는 클렌저의 양도 이만저만이 아니다. 그래서 주둔지 내 편의점에서 '여성용 메이크업 클렌저'가 폭발적으로 팔리는 것이다. 대부분 바로 얼굴을 닦을 수 있는 시트 타입 클렌저를 선호한다지만, 그중에는 클렌징 오일을 사용해서 꼼꼼히 세안하는 사람들도 있다고 한다. 흥미로운 사실이다.

전국에 체인점이 있는 대형 가전제품 할인점에 보통은

여름에만 팔리는 상품인데 홋카이도 삿포로점에서만 겨울에 무척 잘 팔리는 히트상품이 있다고 한다. 무엇일 것 같은가?

자택에서 아이스크림을 만들 수 있는 '아이스크림 메이커'이다. '엥? 왜 겨울에, 그것도 추운 삿포로에서? 왜 아이스크림 메이커지?' 하고 생각한 당신. 분명 이상하긴 하다. 이는 겨울에 홋카이도에 가본 사람이라면 알겠지만, 바깥은 얼어붙을 것 같은 추위인데 실내에 들어가면 난방이 너무 세서 오히려 더울 정도인 홋카이도의 특징과 관계가 있다. 그래서 삿포로 도심 등에서는 겨울철에도 다들 의외로 얇게 입고 있다. 지하상가도 발달해 있어서 눈 오는 날에도 구두를 신고 다니는 여성들을 볼 수 있다.

실내가 더우니 찬 것이 먹고 싶어진다. 그래서 홋카이도에서는 예전부터 겨울에 아이스크림이 잘 팔리던 것이다. 홋카이도라고 하면 신선한 우유가 유명하다. 그러니 이왕이면 '시판 제품이 아니라 집에서 오리지널 아이스크림을 만들어볼까.'라고 생각하는 사람들이 많아도 이상할 것이 없다. 그런 이유로 다른 지방에서는 겨울에 전혀 안 팔리는 아이스크림 메이커가 삿포로점으로 장소를 바꾸면 겨울에 무척 잘 팔리게 되는 것이다.

최근에 나리타 공항에 갔던 사람이라면 캡슐토이를 판매하는 소형 자판기, 이른바 '가챠가챠'가 잔뜩 놓여 있는 것을 본 적이 있을지 모른다. 돈을 넣고 레버를 돌리면 장난감이 나오는 바로 그거다.

일본에 가챠가챠가 등장한 지 50년. 쇼와시대인 80년대 후반까지만 해도 내용물이 '근육맨', '기동전사 건담' 같은 것이었는데, 요즘은 크게 진화해 더 세밀하고 정교한 물건들이 늘었다. 그야말로 일본의 서브컬처를 상징하는 듯한 장난감이 된 것이다. 도쿄의 아키하바라 등에서 가챠가챠가 외국인 관광객들에게 인기가 있기에 나리타 공항에도 임시로 들여놓았는데, 통상적인 판매기의 3~5배나 팔리게 되면서 상설하게 되었다고 한다.

가격은 한 번 뽑을 때마다 100엔에서 400엔. 매장에는 '남은 동전으로 장난감을!', '일본에서 잘 팔립니다.' 같은 문구가 영어, 중국어, 한국어, 아랍어 등 다양한 언어로 적혀 있다. 출국을 기다리는 동안 지루한 시간 때우기에 좋고, 일본만의 독자적인 퀄리티와 아이디어가 넘치는 캡슐토이는 선물로도 환영받을 것 같다. 처음에는 환전이 안

되는 남은 동전들을 쓰게 하려는 목적이었는데, 막상 설치했더니 남은 동전으로 모자라 굳이 지폐를 환전할 정도로 푹 빠져버리는 사람이 속출하여 환전기도 점점 늘어나는 상황이라고 한다.

많은 종류의 캡슐토이 내용물 중에서 사람들 머릿속에 기생하는 우주인 콘셉트의 '파라사이토상'이라는 피규어가 가장 인기라고 한다. 이 피규어는 다른 곳에서는 큰 인기라 할 정도는 아니지만 공항에서 엄청나게 팔리는 물건이라고 한다. 지금은 일본 내 다른 국제공항에도 가챠가챠를 설치하는 곳이 늘고 있다. 또 일본 사람들이 해외에 나갈 때 선물로 사가는 경우도 늘고 있다고 한다. 여러분이 판매하고 있는 상품도 어딘가 특정 장소에 가져가보면 어떨까? 엄청나게 팔릴 수도 있다.

## 남의 가게에서 팔면 팔린다!?

간사이의 어느 지역 서점에서 들은 이야기이다. 이 서점은 어버이날에 같은 지역의 꽃집과 함께 컬래버레이션 행사를 했다고 한다. 서로 자신의 가게의 상품을 상대방 가게에서 팔기로 한 것이다. 서점에는 카네이션 꽃다발을 진열해 놓은, 꽃집에는 서점에서 선정한 '엄마에게 드리기 좋은 10가지 책'을 진열했다. 과연 그 결과는 어땠을 것 같은가? 서점에 진열해 놓고 카네이션의 판매율은 저조했지만, 꽃집에 진열해 놓은 책은 높은 판매율을 기록했다. 심지어 그날 서점에서 어버이날 선물용으로 팔린 책보다 더 많이 팔렸다고 한다. 그 이유가 뭐였을까?

아마도 다음과 같은 이유가 그 요인이었을 것이다. 어버이날 선물을 사려고 서점에 가는 사람들은 많지 않다. 많은 책 중에서 선물용 책을 고르는 것은 무척 어려운 일이기 때문이다. 모수 자체가 적기 때문에 서점에 카네이션이 있어도 사려는 사람은 적었을 것이다. 게다가 서점에 놓인 카네이션은 왜인지 모르게 꽃집에 놓여 있는 것들보다 품질이 좀 떨어질 것 같은 느낌이 들게 한다.

한편, 어버이날에 꽃집에 가는 사람들은 선물로 카네이션을 사려는 사람들이 대부분이다. 꽃다발의 경우에 작은 것은 1,000엔 이하이기 때문에 그것만 선물하기엔 너무 싸지 않을까 고민하게 되는 가격이다.

그럴 때 꽃집에 서점이 선정한 선물하기 좋은 책이 놓여 있다면 어떨까? 그 책까지 사서 같이 선물해야겠다고 생각하는 사람이 많지 않을까? 게다가 책은 꽃과는 달리 어디서 사든 같은 물건이기 때문에 품질이 떨어진다고 생각할 일은 없다.

이런 식으로 같은 상품이라도 파는 장소를 바꿈으로써 더욱 잘 팔리게 되는 경우가 있는 것이다. 특히 책은 다양한 장소에 응용이 가능할 것 같다. 마트에 요리 관련 책을 놓는다거나, 헬스장에 트레이닝 관련 책을 놓는다거나 말이다.

앞서 말한 서점은 매장 내에 어린이용 '장난감'을 놓았더니 제법 잘 팔리고 있다고 한다. 장난감 가게가 줄어드는 실정이라 할머니 할아버지들이 손주들에게 선물하려고 사는 수요가 있는 것이다. '책과 장난감'이라는 조합이 괜찮지 않은가? 여러분이 팔고 있는 상품도 어딘가 다른 가게에서 팔면 잘 팔릴 수도 있지 않을까? 또 다른 가게의 물건들 중에 자신의 가게에서 팔면 잘 팔릴 것 같은 상품은 없을까?

## 편의점 계산대 앞에 숨어 있는 히트상품

같은 매장 내에서도 상품이 놓이는 위치를 바꾸는 것만으로도 잘 팔리게 되는 경우도 있다. 여러분은 마트에서 물건을 살 때, 계산을 하려고 줄을 서 있다가 계산대 근처에 있는 껌을 별생각 없이 사버린 경험은 없는가?

마트 계산대 앞에는 건전지, 전구, 쓰레기봉투 등 생활용품들이 놓여 있는 경우가 많다. 굳이 그 물건이 있는 매대까지 갈 일은 없었더라도, 계산대 앞에서 발견하고 '그러고 보니 저거 다 떨어졌었지.' 하고 사게 되는 물건들이 팔리는 것이다.

마트뿐 아니라 편의점 계산대 앞에도 겸사겸사 구매하도록 유발하는 물건들이 종종 놓여 있다. 편의점 계산대라 하면 어묵, 호빵, 가라아게(닭 튀김), 소시지 구이, 커피 등이 눈에 띄는데, 실은 계산대 앞에 숨어 있는 진짜 히트상품이 무엇인지 알고 있는가? 바로 '찹쌀떡', 팥 앙금을 묻힌 '오하기 떡', 경단 꼬치에 달달한 간장소스를 바른 '미타라시 당고'와 같은 화과자들이다.

일본의 편의점에는 제빵 대기업들이 만든 화과자들이 주로 진열되어 있다. 그래서 데이터상으로 화과자는 빵

카테고리에 분류되기 때문에 원래는 빵 가판대 바로 옆에 진열된다. 하지만 화과자를 빵 옆에 진열해 두면 잘 팔리지 않는다. 그런데 그것이 계산대 앞에 놓이게 되면 무척 잘 팔린다. 사는 사람들은 주로 50대 이상인 고령자들이다. 주요 구매자인 고령자층은 편의점 빵 가판대에 잘 가지 않는다. 그렇기에 화과자가 있는지 잘 알아차리지 못한다. 하지만 이것을 계산대 앞에서 발견하면 '엇!' 하고 나도 모르게 사고 싶어지는 것이다. 그리고 왠지 빵 가판대에 놓인 화과자는 그다지 맛있어 보이지 않는다. 진열대와 상품 사이즈의 문제도 있는 듯하다.

## 기저귀와 맥주의 관계는 속설일 뿐인가?

데이터 분석을 통해 의외의 사실이 발견되면서 도출된 마케팅 사례 중 유명한 것이 있다. 바로 '기저귀와 맥주를 함께 진열해 두면 두 상품의 매출이 올라간다'라는 것이다. 많은 고객 데이터 분석을 통해 '기저귀를 산 사람은 맥주를 사는 경향이 있다'라는 결과가 나온 것을 보고, 실제로

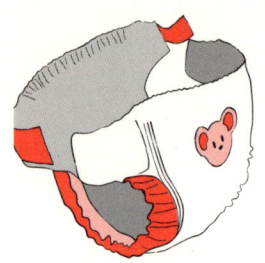
함께 진열해서 팔아보았더니 모두 잘 팔리더라는 것이다. 종이 기저귀를 사 오라는 아내의 명령을 받은 남편들이 기저귀를 사면서 겸사겸사 맥주를 사 가서 그렇다는 것이 그 이유로 추측되고 있다.

 사실 이것은 지금으로부터 '30년' 가까이 된 이야기다. 이와 관련해서 미국의 대형마트 체인이 실시한 설문조사의 결과라는 말도 있고, 컨설팅 회사가 드러그스토어 체인점의 데이터에서 도출한 것이라는 말도 있는 등 다양한 '설'이 존재한다. 이는 확실한 사실이 아닌 속설로, 도시전설처럼 입에서 입으로 전해져오는 사례이기 때문에 정확한 진위 여부는 알 수 없다. 하지만 언뜻 보기에 '전혀 관련이 없을 것 같은 물건들을 함께 진열해 두면 그 물건들의 매출이 모두 올라간다'라는 것은 매력적인 이야기이기 때문에 과거부터 지금까지 꾸준히 입에서 입으로 전해져 왔을 것이다.

 가전제품 할인점에 가면 이와 비슷한 생각으로 나란히 놓여 있는 상품이 있다. 한 예로 어떤 매장에는 헤어드라

이어나 피부미용기구 등 미용 가전제품 코너 옆에 종이 기저귀, 분유, 이유식 등 아기를 위한 상품이 놓여 있었다. 아기를 데려온 엄마가 미용 관련 가전제품을 보러 왔다가 겸사겸사 살 것이라 내다본 것 같다. 또 카메라 매장에 성인용 기저귀를 진열한 점포도 있었다. 이유가 뭘까?

그 기저귀에는 '장시간 촬영 시 함께 사용하세요.'라는 카피가 쓰여 있었다. 즉 화장실에 가는 사이 한순간의 셔터 찬스를 놓치지 말라는 의미일 것이다. 대단한 아이디어다. 이 사례들이 모두 실제로 얼마만큼 효과가 있었는지는 모르지만 재미있는 시도라고 생각한다. 여러분이 팔려고 하는 상품은, 어떤 상품과 가까이 놓았을 때 상승효과가 생길까?

## 장소만 바꿔도 값어치가 오른다

여러분은 개복치를 드셔본 적이 있는가? 흑가오리는? 범돔은? 참치방어는? 이런 생선들은 제대로 요리해서 먹으면 정말 맛있다고 한다. 그러나 일본 각지에 있는 어항에서는 안타깝게도 공짜나 마찬가지인 생선들로, 폐기되는 일도 많은 모양이다. 일본 어항에서는 유명한 생선이나 일정 수 이상 잡히는 생선들 외에는 아무리 맛이 좋아도 값어치가 전혀 없는 경우가 많다고 한다.

지금 많은 벤처기업이 어업 종사자들과 소매점이나 음식점을 연결하는 새로운 비즈니스 모델을 개발하고 있다. 어떤 회사는 개복치 등 진귀한 물고기가 잡히면 인터넷을 통해 그 정보를 제휴 음식점에 내보낸다. 그러면 그것을 구매하려는 가게가 있을 경우 인터넷으로 바로 입고가 가능한 시스템을 만들고 있다.

음식점 입장에서 진귀한 생선은 대표 메뉴가 될 수 있으니 좋다. 지금까지 먹어본 적 없는 생선을 먹을 수 있는 손님들은 좋아한다. 어부들 입장에서는 폐기 처분하던 생선에 값을 매길 수 있으니 좋다. 중개하는 회사들도 돈을 벌 수 있으니, 이것은 모두에게 좋은 시스템이다.

한 노포에 있는 케이크 가게는 일요일마다 열리는 인근 어항의 새벽시장에서 케이크 조각을 판매하고 있다. 이것이 큰 인기를 얻어 지금은 개점 몇 시간 전부터 긴 행렬이 이어질 정도라고 한다. 물론 판매가격은 저렴한 편이지만 지금까지는 폐기해 오던 상품이기 때문에 팔리면 팔리는 대로 이익이 된다. 또 같은 새벽시장에서 오리지널 홀 케이크도 팔고 있다는데 이것도 매우 잘 판매되는 모양이다. 당신의 가게나 회사에서 값어치가 낮게 평가되는 상품도 장소를 바꿈으로써 귀한 상품이 될 가능성은 없는가?

## 지방에서 안 팔리면 도시로 가져가라

최근 다양한 상업시설에서 종종 보이는 '더 재패니즈 고메 스토어'를 콘셉트로 한 가게가 있다. 일본의 다시, 조미료, 냉동식품, 과자 등을 판매하는 '일본 식품 편집숍'이다. 이 가게를 운영하는 곳은 나가노현에 본사를 두고서 지금까지 주로 '잼', '와인' 등 서양 상품을 주로 판매해 온 식품 회사이다.

이 '일본 식품 편집숍'에 진열한 상품들이 자사에서 제조한 것은 아니다. 그 식품회사의 바이어가 전국 각지를 돌아다니며, 소규모 생산자가 만드는 지방의 일품을 찾아온 것들이다. 그중 대부분은 현지에서는 그다지 팔리지 않았던 상품들이다.

내용물은 좋은 상품들인데 그 매력이 많은 사람에게 알려지지 못한 지방의 상품들을 이름이나 포장 디자인을 바꾸어 대도시의 멋진 숍에서 팔아 다시 태어나게 만드는 것이다. 이른바 '지방에서 파묻혀 있던 상품들을 판매 장소를 바꿈으로써 잘 팔리는 상품으로 바꾸는' 사업이다. 현재로서는 크게 성공하여 매장이 엄청난 기세로 늘어나고 있다. 향후에는 해외 진출도 목표로 하고 있다고 한다.

## 빗물받이가 지구 반대편에서 잘 팔린다고?

일본에서 잘 팔리지 않게 된 물건이 해외로 눈을 돌리면서 잘 팔리게 된 경우도 있다. 도야마현에 있는 금속 가공업체는 오랜 세월에 걸쳐 대형 주택건설업자의 '빗물받이'를 위탁 생산해 왔다. '빗물받이'는 아시다시피 지붕면을 흘러내리는 빗물을 모아 지상 또는 하수로 끌어오는 장치이다.

그러나 일본의 주택 양식이 변화하면서 빗물받이의 수요는 급격히 줄었고 매출이 가라앉으면서 위기를 맞은 상황이었다. 그러던 어느 날 호주로부터 이 회사에 빗물받이에 관한 문의가 들어오게 된다. 자사 웹사이트에 영어로 된 설명 따위는 없는데도 불구하고, 사진만 보고서 관심을 갖고 연락이 온 것이다. 그 회사의 사장이 대단한 건 오직 그 사실만으로 '어쩌면 해외에서 활로를 찾을 수 있을지도 모르겠다.'라고 생각한 것이었다. 그래서 영어로도 자사 웹사이트를 만들고 해외시장을 의식하여 디자인이 아름다운 상품들을 개발하게 된다. 그러자 해외로부터 주문이 점점 늘어나기 시작했다.

일본에서는 이른바 B2B라고 하는 기업 간 거래가 주를 이루는데 스스로 물건을 조립해 만드는 DIY작업을 활발히 하는 서구권에서는 기업 고객보다 개인 고객이 더 많은 것이 특징이었다. 그로부터 7년여 시간이 흘렀고, 지금은 전체 매출의 30%를 해외에서 차지할 정도가 되었다. 일본에서 잘 팔리지 않게 된 것을 해외로 장소를 옮겨 잘 팔리는 상품으로 만든 것이다. 여러분이 판매하고 있는 상품도 해외에서의 수요를 생각해 볼 수 없을까?

## 제3장 정리

여러분이 상품을 팔려고 하는 '장소'를 다음의 관점에서 다시 생각해 보자.

- 여러분의 상품이 아무리 비싸더라도 그것을 필요로 하는 사람이 있는 장소는 어디일까?

- 다른 지역에서 번창하고 있는 업태를, 아직 그것이 보급되지 않은 지역으로 가지고 오는 건 어떨까?

- '오프라인 매장'에서 '온라인 판매'로, '온라인 판매'에서 '오프라인 매장'으로 채널을 바꾸면 어떨까?

- 상품을 의외의 장소로 가지고 갔을 때 폭발적으로 팔릴 수도 있지 않을까?

- 여러분의 상품을 다른 가게에서 판매해 보면 잘 팔릴 가능성은 없을까? 반대로 여러분의 가게에서 다른 가게의 상품을 판매해 보면 어떨까?

- 같은 매장 내에서 상품의 위치를 바꿈으로써 잘 팔리게 될 가능성은 없을까?

- 팔려고 하는 상품과 나란히 진열해 상승효과를 낼 수 있는

상품은 없을까?

- 지금 전혀 가치가 없는 물건도 장소를 이동시키면 가치가 커져 잘 팔리는 상품이 될 수 있지 않을까?

- 지방에서 잘 팔리지 않는 상품들을 대도시에서 다시 태어나게 하면 어떨까?

- 국내에서 잘 팔리지 않는 물건이라도 해외로 시장을 확대하면 잘 팔릴 수도 있지 않을까?

# 제4장

## 타깃을 바꿔라

상품의 가치를 알아볼
새로운 타깃 모색하기

## 한물간 그 상품은 어떻게 다시 잘 팔리게 되었을까?

조금 부끄러운 고백을 해볼까 한다. 나는 20대 회사원이던 시절 여름이 되면 주말마다 꼭 바다에 가서 해변에 누워 태닝을 하곤 했다. 지금은 엄두가 안 나지만 당시에는 얼마나 까맣게 태울지에 목숨을 걸다시피 했던 것이다. 그럴 때 필수품이 '씨브리즈SEA BREEZE'였다. 달아오른 피부를 식히기 위한 스킨로션으로 당시 그 제품을 자주 구매하던 헤비 유저였다. 10년도 더 전의 이야기라 이젠 씨브리즈를 쓰는 일은 없어졌고 상품에 대해서도 까맣게 잊고 있었다. 그런데 최근 광고에서 다시 자주 보게 되었다.

어라? 그런데 뭔가 이미지가 다른 것 같다. 그렇다. 바다가 배경으로 나오지도 않고 주인공은 배우 겸 모델인 히로세 스즈가 여고생으로 나오는 설정으로, 동아리 선배와의 가슴 설레는 한 장면이 나온다. 그 이유를 조사해 보니 의외의 사실을 알게 되었다.

10년 전 씨브리즈의 매출은 바닥을 치고 있었으며 브랜드 존속의 위기를 맞았던 것이다. 판매업체의 조사 결과, 그때까지 타깃층으로 삼았던 20, 30대 남성들이 바다에 가지 않게 된 것이 원인이었다. 이에 따라 씨브리즈 자체가 시대착오적인 브랜드 이미지가 된 것이다.

그래서 판매업체는 판매 타깃을 완전히 바꾸기로 결단을 내렸다. 바로 '동아리 활동을 마친 여고생'이었다. 운동부 동아리 활동을 마친 후에 땀이 나는 걸 방지하기 위해 씨브리즈를 발한억제제로 사용하고 싶어 하는 고등학생들(특히 여학생들)의 잠재적인 수요를 발견한 것이다.

그래서 디자인을 싹 바꾸고 광고 등 프로모션도 크게 변화시키기로 했다. 그전까지는 하얀 바탕에 파란 로고를 사용해 그야말로 바다를 연상시키는 디자인밖에 없었으나 여성들에게 인기가 좋을 것 같은 색채를 사용해 디자인을 바꾸고 향기의 종류도 다양하게 늘렸다. 광고도 '동아리 활동 후 좋아하는 남학생을 만나러 가는데 땀을 흘린 게 걱정되는 여고생'이라는 설정으로 지금의 스토리가 되었다. 그 결과 예상대로 젊은 여성들을 중심으로 큰 히트를 쳤다. 매출은 상승세를 그리며 회복되었고, 몇 년 후에는 침체기 매출의 8배를 기록했다.

4장에서는 사람을 바꾸는 것에 대해서 다룬다. 지금까지 팔리지 않았던 물건도 판매 타깃이 되는 사람을 바꾸거나 판매하는 측 사람을 바꾸면서 갑자기 잘 팔리게 되는 경우가 있다. 그러한 사례를 소개하고자 한다.

## 타깃의 성별을 바꾸어 판매하라

앞서 말한 씨브리즈와는 반대로, 원래는 여성용이던 상품을 남성용으로도 만들고 중장년 남성들로 타깃을 좁혀 큰 인기를 얻은 상품이 있다.

바로 '니베아 맨NIVEA MEN'이다. '니베아'라고 하면 스테디셀러인 '파란색 틴케이스'가 유명한데, 제조국인 독일에서는 남성용 상품도 오래전부터 판매하며 인기를 누려왔다. 일본에 이 맨즈 상품이 도입된 것은 2002년이다. 그러나 당초에는 잘 팔리지 않았다.

유럽이나 미국에 비해 기후가 습한 일본은 지금까지 '보습'의 필요성을 못 느끼는 남성들이 많았기 때문일 것이다. 그래서 판매 타깃을 중장년 남성으로 좁히면서, 이번에는 '안티에이징'을 추구하게 되었다. 중장년 남성들이 고민하는 피부의 '당김'이나 '번들거림'에 초점을 맞추어

구체적인 효과를 내세운 것이다. 그러자 이것이 갑작스럽게 팔리기 시작하면서 5년 만에 당초의 2배 가까이 매출을 올리게 되었다.

계속해서 다양한 피부 고민에 대응하기 위한 상품 라인업을 늘려나갔고, 2015년에는 '니베아 포 맨'에서 '니베아맨'으로 브랜드를 리뉴얼했다. 메인 라인인 '파란 틴케이스'가 미용에도 효과가 좋더라는 소문이 나면서 폭발적으로 팔리게 된 것도 순풍으로 작용해, '니베아맨'도 앞서가던 브랜드를 누르며 최상위 점유율을 차지하는 수준이 되었다.

또 다른 예로, 판매 타깃을 여성에서 남성으로 바꾸어 성공한 사례인 '맨즈 브라'라는 상품에 대해 들어보았는가? 문자 그대로 남성용 브래지어이다. 일본에서는 몇 년 전부터 남성들 중에도 비밀리에 브래지어를 하는 사람이 늘고 있으며, 통신판매 사이트에서는 숨은 히트상품이 되고 있다고 한다. 여장에 취미가 있어서가 아니라 브라를 하면 마음이 안정된다는 이유에서 착용하는 사람이 많다고 한다.

또 다른 나라에서는 남성들이 네일케어를 하는 '메일

폴리쉬$^{Male\ Polish}$'가 유행 중이라고 한다. 조만간 일본에서도 유행할지도 모르겠다. 이와 반대로 미국에서 시작된 한 피트니스 클럽은 대상을 여성으로 한정시킴으로써 성공을 거머쥐었다. 스탭들도 여성들뿐이다. 참고로 이 헬스장에는 거울이 없다. 지금까지의 헬스장의 상식을 뒤엎는 '3M이 없다(No Man No Mirror No Make up)'라는 점을 강조해 큰 성장을 이룬 것이다.

연예인들 사이에서 인기 있는 고급 불고기 전문 체인점은 지금으로부터 40여 년 전 당시로서는 참신한 가게를 롯폰기에 오픈한 것이 비약적인 발전의 계기가 되었다. 그전까지 불고기 전문점이라고 하면 지저분한 곳이 많고 연기가 가득해 남자 손님들만 잔뜩 있는 이미지였다. 이래서는 높은 이익을 낼 수 없겠다고 생각한 이 고깃집은 어느 날 판매 타깃을 180도 바꾸었다. 자, 어떤 사람들을 타깃으로 삼았을까?

바로 긴자의 고급 클럽에서 일하는 호스티스였다. 당시 롯폰기는 긴자의 고급 클럽에서 일하는 호스티스들이 일을 마치고 식사를 하러 오는 곳이었다. 해당 불고기 전문점은 이 점에 착안해 롯폰기에 오픈한 것이다. 호스티스들을 만족시키기 위해 내부 인테리어를 고급 클럽과 착각할 정도로 화려하게 꾸몄고, 종업원들이 무릎을 꿇고 주문을 받는 등 극진히 손님을 맞았으며, 무연 로스터를 발빠르게 도입해 옷에 냄새가 배지 않도록 했다.

참고로 우설(소의 혀)을 레몬즙에 찍어 먹는 '탄시오'라는 메뉴는, 지금 어느 고깃집에서나 먹을 수 있지만 원래는 여기서 시작된 음식이며 호스티스들의 요청으로 메뉴화되었다고 한다. 이렇게 여러 가지 시도를 하면서 예상대로 긴자의 호스티스들 사이에서 입소문이 퍼지게 되었고, 이와 더불어 남성 고객들도 늘게 되면서 초인기 음식점이 되었다.

## 상점가에 있는 이불가게들은 왜 망하지 않을까?

가끔 지나가는 상점가에 오래된 듯 보이는 이불가게가 있다. 그런데 손님이 있는 것을 본 적이 없다. 요즘 시대에 이런 가게에서 물건을 사는 사람이 얼마나 있을까? 대체 어떻게 장사가 유지되고 있는 것일까?

어느 날 지방 도시의 강연에서 지역 상점가의 회장님과 이야기할 기회가 있었다. 그때 예전부터 생각해 왔던 이 궁금증을 큰맘 먹고 과감히 던져보았다. 그러자 회장님이 그 답을 알려주셨다. 듣고 보니 '그렇구나.' 하고 바로 납득이 갔다. 자, 과연 어떤 비밀이 있을 것 같은가?

그 회장님의 이야기에 의하면, 상점가에서 손님을 본 적이 없는데도 망하지 않는 가게에는 크게 두 가지 유형이 있다고 한다. 물론 두 가지 모두에 해당하는 경우도 있다. 하나는 맨션, 아파트, 상업용 빌딩, 주차장 등 수입이 있는 부동산을 가지고 있는 케이스이다. 이들은 부동산 수입으로 살아가기 때문에 가게가 적자여도 상관이 없다. 세금 대책 때문에 가게를 운영하는 경우도 있다는 것이다. 또 한 가지는 일반 고객과 다른 상대에게 팔고 있어서 별도의 수입원을 가지고 있는 케이스다.

예를 들면……. 문방구라면 시청 등에 대규모로 납품한다. 철물점이나 전파상이라면 출장 수리나 현지 기업들과의 총판 거래가 있다. 신발 가게라면 현지 초등학교나 중학교에 실내화 등을 납품한다. 꽃집이라면 장례식장이라

든가 결혼식장 등의 대규모 거래가 있거나 꽃꽂이 교실과 연계한다. 빵집이라면 고등학교 구매부에 납품한다. 보석점이라면 단골로 오는 큰손님이 있어서 외판 등으로 생활을 유지한다. 서점이라면 학교와 교과서 납품 거래를 한다. 헌책방이라면 아마존$^{Amazon}$에 중고 책을 내놓는 온라인 판매로 수입을 얻는다.

내가 궁금해했던 이불가게 같은 경우는 '이불 대여'가 큰 수입원이 되는 케이스가 많다고 한다. 장례식 등으로 먼 친척들이 머물기 위해 왔다거나 학교에서 합숙할 때 등 단체로 이용하는 경우가 있다고 한다. 또 '이불 리폼'도 중요한 수입원이 된다. 여러분이 판매하려는 상품도 지금 판매하고 있는 상대와 다른 상대를 타깃으로 삼아 판매해 보면 어떨까?

## 특정 고객들로만 돈을 버는 부인복점

물론 상점가에 있는 모든 가게가 이런 부동산이나 별도의 수입원이 있는 것은 아니다. 오히려 부동산도 별도의 수입원도 없이, 일반 손님들의 매출 없이는 장사가 성립되지 않는 가게도 많을 것이다. 시즈오카현 어느 도시에 있는 부인복점은 판매 타깃을 이른바 '상류층 고객'으로 좁히면서 경영난에서 탈피하고 매출 상승을 이루는 데 성공했다.

부모님 시절부터 존재한 부티크였는데, 지금의 가게 주인인 부부가 승계했을 때는 매출이 한참 잘 나갈 때의 절반 이하로 떨어져 있었다. 부모님이 "이 가게는 미래가 없으니 굳이 승계하지 않아도 된다."라고 할 정도로 바닥을 치고 있었다고 한다.

가게 주인은 먼저 전국 곳곳에 있는 장사가 잘 된다는 가게들을 시찰하는 것부터 시작했다. 그리고 지방의 상점가에서 번창하고 있는 부인복점들은 공통적으로 상류층 고객들과 거래하고 있다는 사실을 알게 되었다.

여기서 말하는 '상류층 고객'이란 본인이나 배우자에게 일정 이상의 수입이나 자산이 있어 옷 사는 데에 돈을 쓸 수 있는 계층을 말한다. 그들 중 대부분은 시내에서는 살 만한 것이 별로 없다고 느껴 고속열차를 타고 요코하마나 도쿄까지 가서 옷을 사고 있었다. 그래서 이 가게는 그런 '상류층 고객들' 후보들에게 토탈 코디네이트를 제안해 단골로 만들어야겠다는 목표를 잡았다.

내부 인테리어나 집기에도 돈을 들였고 취급하는 브랜드 수도 늘렸으며 그 고객들이 좋아할 만한 시책들로 하나씩 채워나갔다. 그 결과 '상류층 고객들'이 입소문을 듣고 몰려들게 되었다고 한다.

100명 정도 되는 고객들 중 대부분이 30~50대로, 지역 경영자의 부인이거나 시즈오카 현 내에서 회사를 경영하는 여성들이라고 한다. 그들 중 대부분은 연간 수십만 엔어치 물건을 사 주는 단골들이다. 이 단골들로만 판매 타깃을 좁힌 결과, 매출이 급성장했고 6년 만에 연 매출을 3배로 올리게 되었다. 여러분도 판매 타깃을 좁혀보면 어떨까?

## 타깃을 외국인으로 바꾸어 인기를 얻다

오사카의 중심 번화가인 미나미에는 고작 160미터 정도밖에 되지 않는 작은 상점가가 있다. 여기에는 주로 '조리도구', '주방기기' 등 요리점에서 필요한 작업용 상품들을 다루는 가게들이 늘어서 있는데, 개그맨들이 소속된 유명 기획사 요시모토 코교의 극장 '난바 그랜드 가게츠'가 바로 근처에 있음에도 불구하고, 불과 몇 년 전까지 대낮에도 어두컴컴하고 사람이 거의 다니지 않는 상점가였다. 그런 상점가가 판매 타깃을 일본인에서 외국인 관광객으로 바꾸면서 지금은 사람들이 바글바글 모이는 거리가 되었다.

예를 들어 식칼은 못해도 한 자루에 수만 엔, 비싼 것은 수십만 엔이나 하는데, 외국인 관광객들이 구입하는 식칼이 하루에 수십 자루라고 한다. 100년이 넘는 전통을 자랑하는 그릇 판매점도 지금은 전체 매출의 20%가 외국인 관광객 매출이다. 식품 샘플 전문점은 비교적 신규 진입군인데, 새롭게 '만들기 체험교실'이라는 것을 실시하였다. 자신의 가게에서 판매하는 '식품 샘플 제작 체험'은 물론, 주변 가게들과 협력해 '다코야키 만들기 체험', '스시 장인 체험', '등불 장인 체험', '초크아트 체험' 등 체험교실을 실시해 큰 인기를 누리고 있다. 이렇게 외국인 관광객들로 붐비는 이유는 그저 운이 좋았기 때문만은 아니다.

사실 이 상점가는 20년 전부터 외국인 관광객을 유치할 수 없는지 계속 모색해 왔다. 작은 전문상점가가 살아

남기 위해서는 그 방법밖에 없다고 생각한 결과였다. 이 상점가는 가장 먼저 영어, 중국어, 한국어 등 외국어 버전 홈페이지를 만들었다. 그리고 서서히 다음과 같은 시책들도 실시했다.

- 상점가 단독 무료 Wi-Fi 개방
- 면세상점가로서 해당 점포들을 한눈에 볼 수 있는 '면세 앱' 개발
- 손님맞이가 보다 쉬워지는 '동시통역 앱' 도입

이러한 인프라를 갖춘 후 노포들과 신규 진입 업체들이 손을 잡아 지금과 같이 번창하게 되었다. 여러분이 지금 판매하려고 해도 잘 팔리지 않는 상품들도 판매 타깃을 새롭게 바꿔 부활시킬 수 없을까?

## B2B는 B2C로, B2C는 B2B로 바꿔라

대기업 하청으로 이른바 기업 간 거래[B2B]를 하는 회사가, 자신들의 고도의 기술을 살려 일반 소비자 대상 거래[B2C]를

하는 상품을 만들어 큰 비약을 이룬 경우도 있다. 즉 판매 타깃을 '기업'에서 '소비자'로 바꾸어 성공할 수 있다는 것이다.

예를 들어 아이치현에 있는 오래된 주조업체는 원래 대기업 하청을 받아 부품을 만드는 마을 공장이었다. 그러나 단골 거래처가 비용 삭감을 점점 강하게 요구하면서, 십수 년 전 공장을 3대째 이어받은 현 사장은 '하청인 채로는 미래가 없다'는 것을 깨닫고 독자적인 상품을 보유한 제조업체가 될 필요성이 있다고 생각했다.

신규 사업에 투자할 돈도 시간도 없는 가운데, 어떻게든 회사가 이미 가지고 있는 기술이나 강점을 살릴 수 없을지 시행착오를 반복하던 중에, 그는 쇳붙이를 녹여 굳혀서 만든 주물의 원적외선 효과가 음식을 맛있게 만드는 작용에 대해 알게 되었다.

당시에는 이미 '르쿠르제LE CREUSET', '스타우브staub' 등 해외 브랜드의 고급 냄비가 인기를 모으고 있었는데, 자신들이 가진 기술을 사용하면 이런 냄비들보다도 더 재료 본연의 맛을 이끌어낼 수 있는 '주물 법랑 냄비'를 만들 수 있다고 그는 확신했다. 그래서 '마을 공장에서 세계 최고의 냄비를 만들자!'라는 말을 구호로 내세워 제품 만들기에 도전한다. 이 업체는 지금까지 일반인을 대상으로 한 상품을 만든 적이 없었기 때문에 완성되기까지 무척 힘이 들었고, 반년 정도면 될 것이라 예상을 했지만 실제로는 3년이라는 세월이 필요했다. 그러나 고생해서 만든 보람이 있었는지 한 번 판매가 시작되자 '요리가 마법처럼 맛있어진다.'라는 평판이 입소문을 타면서 요리 전문가들이나 요리 애호가들이 너도나도 사용하게 되었고 큰 인기를 누렸다.

반대로 일반 소비자 대상[B2C]으로 상품을 만들던 회사가 기업 간 거래[B2B] 기업으로 성공하게 된 사례도 있다. 20세기 후반 일본에는 세계를 선도하는 카메라나 필름 제조업체들이 많이 있었다. 그러나 지금 이러한 기업들 대부분은 일반 대상 카메라나 필름 사업으로부터 철수하고 의료기기, 의료용 필름, 반도체 부품, 사무기기, 산업 부품 등 B2B 사업을 주력사업으로 하게 되었다. 여러분이 판매하는 상품도 기업에서 소비자로 또는 소비자에서 기업으로 판매 타깃을 바꾸면 더 잘 팔릴 수도 있지 않을까?

## 구매자와 사용자가 다른 경우를 노려라

'신문 기프트'라는 서비스에 대해 들어본 적이 있는가? 쉽게 말하면 돈은 내가 부담하고 다른 사람의 집에 신문을 정기적으로 배달하게 하는 서비스이다. 떨어져 사는 부모님이나 자녀들에게 선물로 보내는 경우가 많다고 한다.

책도 사는 사람과 읽는 사람이 다른 경우가 종종 있다. 기본적으로 아이들을 대상으로 하는 책 등이 그렇다. 책을 보는 것은 아이들이지만 돈을 지불하는 것은 부모이거나 조부모인 경우가 많다. 신입사원을 대상으로 하는 책들도 윗사람이 사서 부하 직원에게 건네주거나 부모가 사서 자녀에게 건네주는 등의 경우가 종종 있다. 예전에 한 출판사의 사장님이 이런 말씀을 하셨다.

> **"지금 비즈니스 분야 베스트셀러 자리를 노리고 싶다면 법인 수요를 의식할 필요가 있다."**

'법인 수요'란 기업이 대량 구매하는 것을 말한다. 직원들에게 읽게 하고 싶은 내용의 책을 회사가 돈을 지불해 사는 케이스다. 이런 케이스에서는 100권, 1,000권 단위로 책을 구매해 가는 것도 흔한 일이며, 확실한 매출을 기대할 수 있다. '직원이 사용하는 것을 회사에 판다'라는 발상은 책 말고도 응용이 가능할 것 같다.

여러분이 지금 팔고자 하는 상품도 실사용자가 아닌 사람에게 팔 수 있는 가능성은 없는가?

남편을 대상으로 하는 상품을 부인에게 팔거나, 어린이를 대상으로 하는 상품을 조부모에게 팔거나, 직원을 대상으로 하는 상품을 회사에 파는 등 말이다. 다양한 가능성을 생각해 보기 바란다.

## 판매자를 바꾸어 폭발적으로 팔다

자, 지금까지는 '판매 타깃을 바꾸는' 방법을 다루었는데, 또 한 가지, '판매자를 바꾸는 방법'도 생각해 보았으면 좋겠다. 같은 상품을 팔더라도 파는 사람이 다르면 매출이 완전히 바뀌는 경우가 있다. 이건 생각해 보면 신기한 현상이다.

개인의 소질에 의존하는 부분을 바꾸기는 어렵고 재현성이 없지만, 판매자의 성별이나 연령, 출신지 등을 바꿈으로써 매출이 변하는 경우가 있다. 일반적으로 남성이 많다고 여겨지는 업종의 판매자를 여성으로 바꾸기만 해도 상품이 잘 팔리는 경우가 있는 것이다. 예를 들어 지금 택시 업계는 여성 운전수가 급속도로 늘고 있다. 오카야마현의 한 택시회사는 운전기사를 모두 여성으로 고용하여 창립 4년 만에 이용자 수가 2배로 뛰었다. 그 밖에도 여성 운전기사를 지명할 수 있는 '나데시코 택시'라는 서비스를 실시하고 있는 택시회사들도 있다. 특히 여성 고객들로부터 다음과 같은 의견이 많다고 한다.

> "기사님이 운전을 침착하게 잘 해주셔서 좋다."
> "아이들 학원 보낼 때나 학교 등하교를 맡길 때 안심이 된다."
> "산부인과에 갈 때 신경 쓰이지 않아서 좋다."
> "밤중에 이용할 때 안심하고 편히 쉴 수 있다."

그래서 택시회사들도 여성 채용에 주력하는 곳이 많다고 한다. 여러분이 판매하려는 상품도 판매자의 성별이나 연령 등을 바꿈으로써 더 잘 팔리게 할 가능성은 없을까?

## 제4장 정리

여러분이 상품을 파는 타깃이나 판매하는 측 사람을 바꿀 수 없는지 다음의 관점에서 다시 생각해 보자.

- 그 제품이나 서비스를 판매할 타깃의 성별을 바꿈으로써 잘 팔리게 될 수는 없을까?

- 그 상품을 일반 고객이 아닌 새로운 상대에게 파는 방법은 없을까?

- 잘 팔리지 않는 상품의 타깃을 바꾸거나 좁혀서 부활시킬 수 없을까?

- 기업에서 소비자로, 소비자에서 기업으로 판매 타깃을 바꿈으로써 잘 팔리게 될 가능성은 없을까?

- 그 상품의 실사용자가 아닌 사람에게 팔 수 있는 방법은 없을까?

- 판매자의 성별이나 연령 등을 바꿈으로써 상품이 잘 팔리게 될 수는 없을까?

# 제5장

# 가격을 바꿔라

고객의 마음을 흔드는
마법의 가격 요법

# '100명 중 1명 공짜'는 몇 % 할인일까?

벌써 10년도 더 된 이야기이다. 한 가전제품 할인점에서 '100명 중 1명 공짜'라는 이벤트를 했다. 문득 사려던 것이 생각이 나서 가게에 슬쩍 들어갔다. 물건을 들고 계산대에 갔는데 계산서를 본 직원이 "앗, 당첨되셨네요! 축하드립니다. 구매하신 물건이 무료입니다."라고 말했다.

이 이벤트에 대해서는 알고 있었지만 설마 내가 당첨될 것이라고는 생각하지 않았기 때문에 무척 놀랐지만, 그때 기쁜 마음보다 먼저 든 생각은 '좀 더 살걸!'이었다. 그때 쇼핑한 금액이 기껏해야 3,000엔(한화로 3만원 정도)이었기 때문이다. 경품 표시법 관계상 무료의 상한액은 10만 엔이지만, 그래도 '사는 김에 그동안 사고 싶었던 그 물건을 샀더라면, 몇만 엔이면 살 수 있었는데!' 하고 생각하게 된다.

3,000엔이어도 공짜로 해준다면 무척 기쁠 일인데, 인간이란 얼마나 욕심 많은 동물인지 모른다. '100명 중 1명 공짜'라고 하면 더 강렬한 인상을 주는 것 같지만 가게 측 비용에서 생각할 때, 무료 사실 고지 등 경비를 제외하고 평균을 내면 1% 할인과 같다.

하지만 나를 포함해 많은 사람이 '전 품목 1% 할인'보다 '100명 중 한 명 공짜'라고 하는 것이 압도적으로 매력적이고 '어차피 산다면 여기서 사자.' 하고 생각하게 되지 않겠는가? 그만큼 '공짜', 즉 무료라는 말은 강한 단어인 것이다.

제5장에서 바꾸는 것은 '가격'이다. '가격을 바꿈으로써 팔리는 방법을 바꾼다' 자체는 상상하기가 쉬울 것이다. 그렇다고는 해도 단순히 '가격을 반값으로 했더니 잘 팔렸다'라는 것은 너무나 당연한 이야기이다. 앞서 말한 것처럼 가격을 이용한 판매 전략을 통해 잘 팔리게 되었거나 '가격을 바꿈'으로써 결과적으로 큰 이익을 얻은 사례에 대해 소개해 보고자 한다.

## 아침 식사가 무료인 카페가 있다!?

나고야에서 시작해 지금은 전국 체인으로 발전한 커피 체인점이 있다. 예전에는 교외에 매장을 많이 두고 있었는데 최근에는 도심지에서도 자주 보이는 바로 그 커피 매장, '코메다 커피점'이다. 이 커피 체인점의 숨은 히트 메뉴가 있다. 바로 '모닝 서비스'이다. 이렇게 말하면 '모닝 서비스 같은 건 어느 카페에나 있는 거잖아.'라고 생각한 사람들도 있을 것이다. 그 말이 맞다.

다만 이 커피 체인점이 다른 카페들과 조금 다른 것은 '무료'를 강조하고 있다는 점이다. 아침 11시까지 음료를 주문하면 커피와 함께 삶은 달걀을 무료 서비스 주는 것이다. 삶은 달걀 말고도, 팥고물과 꿀을 섞은 '오구라앙', '수제 달걀 페이스트' 버전도 있다. '그거 이득이네, 한번 가볼까?'라고 생각한 당신! 어쩌면 '무료'의 덫에 걸린 것일지도 모른다.

왜냐하면 그 커피 체인점의 음료들은 못 해도 400엔(한화로 약 4000원) 이상 가격이 나가기 때문이다. 물론 음료를 시키지 않으면 무료 서비스는 없다. 참고로 경쟁사 커피숍들을 보면, 그것보다 더 싼 가격에 커피와 토스트, 달걀을 함께 먹을 수 있는 '모닝 서비스'를 제공하고 있는 가게들이 숱하게 많다. 하지만 애초부터 가격이 설정되어 있는 '모닝 서비스'를 먹어도 그만큼 '이득을 본' 기분이 들지는 않는다. 하지만 '토스트와 달걀이 무료'라고 하면 굉장히 이득을 봤다는 기분이 샘솟으니 신기하지 않은가?

## 왜 그들은 무료가 되기로 했는가?

'무료는 강하다'라고 했는데, 아이돌이지만 아무리 사진을 가져다 써도 '무료'라는 '저작권 프리 아이돌'이 있는 것을 알고 있는가? 바로 일본의 쌍둥이 자매 아이돌 'MIKA☆RIKA(미카리카)'다. 미카리카는 웹사이트에 공개한 사진을 무료로 쓸 수 있다는 '저작권 프리 아이돌'로 화제가 되고 있다.

이 둘은 원래 각자 다른 회사에서 회사원 생활을 하고 있었는데, 힙합을 너무 좋아하여 함께 음악 활동을 하기로 한다. 하지만 다니던 회사가 부업을 금지하고 있었기 때문에 각자 퇴사하고 연예기획사에 소속되어 가수 활동에 전념하기로 했고, '힙합 노래를 부르는 쌍둥이 유닛'으로 나오게 되었다. 그러나 인기를 많이 얻지 못해 한동안은 회사원 시절에 모아둔 돈을 깨서 활동을 계속해나갔다. 하지만 여전히 미래가 보이지 않는 상황이었다.

전환기는 2014년이었다. 상표 사용료가 원칙적으로 무료인 '쿠마몬'에서 힌트를 얻어 '저작권 프리 아이돌'이라는 콘셉트가 탄생하게 되었다. 무료로 하면 자신들의 존재가 널리 알려지지 않을까 하는, 지푸라기라도 잡고 싶은 심정에서 나온 아이디어였다. '사람들이 어찌 됐든 자신들에 대해 많이 알게 되면 좋겠다. 용기를 내지 않으면 아무것도 바뀌지 않는다.'라는 생각이 우선이었기 때문에, 본인들 스스로 각오를 한 것이다.

그리고 클라우드 펀딩으로 자금을 모았더니 목표 금액의 1.5배에 달하는 금액이 모이게 되었고, 여기에 더해 이들의 기획에 공감한 크리에이터들이 재능기부에 가까운 형태로 참가하여 다양한 상황에서 쓸 수 있는 사진을 1,000장 이상 촬영해 '무료 콘텐츠'를 제작한 것이다. 웹사이트 개설 첫날은 서버가 다운이 될 정도로 접속자들이 몰리면서 주목을 받았다. '모든 것이 무료인 아이돌'이라는 콘셉트는 상상 이상으로 압도적인 인상을 주었던 것이다.

힙합 유닛이던 시절에는 거의 화제조차 되지 못했는데, '저작권 프리 아이돌'이 되면서 미카리카는 갑작스레 다양한 언론매체에 오르내리게 되었다. 최근에도 사진집이나 음원을 무료로 풀어 화제가 되었고, 본인들의 인지도도 급격히 상승하며 인기를 얻고 있다.

물론 언제까지나 '무료'를 계속할 수는 없다. 본인들도 자신들의 음원을 유료로 판매하고 싶다고 생각하고 있겠지만 '일단은 많은 사람이 알게 한다'라는 전략은 예상대로 성공했던 것이다.

## 사람들이 무료에 마음을 빼앗기는 이유

사람이 '무료'라는 말에서 특별한 의미를 찾는 것은 다양한 실험으로 증명되었다. 유명한 사례로 행동경제학자인 댄 애리얼리 교수가 발표한 두 종류의 초콜릿을 사용한 실험이 있다. 한 대학의 학생 센터에서 고급 초콜릿과 저렴한 초콜릿을 같이 진열해 두고 판매하는 실험을 했다. 고급 초콜릿을 원래 가격의 반값 정도인 15센트로, 저렴한 초콜릿을 1센트로 팔았더니, 73%가 고급 초콜릿을 선택했다.

싼값에 고급 초콜릿을 먹을 수 있으니 어떤 의미에서는 합리적인 선택이다. 그다음에는 두 종류 모두 1센트씩 할인하여 고급 초콜릿을 14센트, 저렴한 초콜릿을 무료로 판매해 보았다. 가격 차이는 같기 때문에 먼저 진행한 실험과 별반 차이가 없어야 할 것이다. 하지만 결과는 크게 달랐다. 고급 초콜릿을 고르는 사람은 31%로 크게 줄었고, 나머지 70% 가까운 사람들이 무료로 판매한 저렴한 초콜릿을 고른 것이다. 이 결과에 대해 애리얼리 교수는 다음과 같이 말한다.

> "인간은 무언가를 잃거나 손해를 보는 것을 매우 두려워한다. 무료인 것을 고르면 손해 볼 일이 없으니 그것을 매력적으로 느끼게 되는 것이다."

즉, 손해 볼 리스크가 없다는 이유만으로 사람은 '무료'라는 말에 이성을 잃게 되는 것이다. 앞서 등장한 커피 체인점은 그 법칙을 잘 알고 있는 것일지도 모른다.

## 무료 비즈니스는 무엇으로 수입을 얻는가?

이 '무료의 힘'을 이용해 다양한 '무료 비즈니스'가 전개되고 있다. 주로 많이 보는 형태는 먼저 무료 체험을 하게 한 후 정기적인 구매로 이어지게 하는 것이다. 잡지, 신문, 서플리먼트 등이 이 수법을 사용하는 경우가 많다. 가발 제조업체들이 실시하고 있는 '무료 증모 체험' 등도 이러한 패턴이다. 한번 체험하면 본격적으로 증모를 하고 싶어지고, 증모를 하기 시작하면 이번엔 정기적인 케어가 필요해진다. 그렇기 때문에 업체로서는 시작을 무료 서비스로 제공해도 본전을 건지는 셈이다.

한편 최근 늘어나고 있는 것은 다른 비즈니스 모델로 무료를 실현하는 케이스이다. '무료 국제전화 서비스'나 '무료 스마트폰 게임' 등이 그렇다. 이들은 어떤 부분에서 매출이나 이익을 얻고 있을까?

사실 이것은 일부 사용자들로부터 돈을 받아 다른 사용자들에게 무료로 제공할 수 있는 것이다. '국제전화 서비스'는 PC끼리 통화할 경우 무료지만 유선전화나 휴대전화로 통화를 원할 경우 유료 이용 코스를 선택하도록 설정되어 있다. 이 회사는 전체의 몇 퍼센트에 해당하는 사용자들이 유료 이용 코스를 선택하는 것으로 매출이나 이익을 얻고 있다. '스마트폰 게임'도 마찬가지로, 일부 사용자들의 유료 아이템 구입으로 '무료'가 유지되는 것이다. 이같이 막대한 사람들을 무료로 모으고 일부 사용자들에게 프리미엄 특별 서비스를 제공함으로써 이익을 얻는 비즈니스 모델을 '프리free미엄'이라고 부른다.

종종 망년회 모임이 많은 계절에 선술집에서 '모임 총무에게는 0엔'이라는 광고를 하는 것을 보는데, 이것은 한 명에게 무료로 제공함으로써 다수의 유료 고객을 확보하는 '역 프리free미엄'이라 할 수 있을지도 모르겠다. 여러분도 '무료의 힘'을 이용한 새로운 비즈니스 모델을 생각해 볼 수 없을까?

## 안 팔리던 고가의 이불을 어떻게 팔았나?

'무료'만 그런 것이 아니라 사람은 '물건의 가격'에 대해서도 합리적으로 설명하기 어려운 행동을 할 때가 종종 있다. 여기서 문제를 내보겠다. 한 마트가 가게 앞에서 이불을 팔고 있었다. 가격은 두 종류. 1만 8,000엔과 5만 8,000엔이다. 하지만 비싼 쪽은 전혀 팔리지 않았다.

그때 한 직원이 아이디어를 냈다. 그 직원 말대로 했더니 5만 8,000엔짜리 이불이 계속해서 팔려나갔다. 자, 그 직원은 대체 어떤 아이디어를 냈을까? 비싼 쪽을 할인했을까? 왜 비싼지 이유를 설명했을까? 아니다. 정답은……

**'3만 8,000엔짜리 이불을 투입한 것'이다.**

왜? 라고 생각한 분들이 많을 것이다. 일반적으로 가격이 상, 중, 하로 나뉘어 있을 때, 중간 등급에 해당하는 '중' 상품이 잘 팔린다는 것은 이해하겠다. 그런데 어째서 가장 비싼 이불이 팔리게 되었을까? 사실 이것은 훗날 세븐일레븐을 설립해 카리스마 경영자로서 유명해진 스즈키 도시후미 씨가 젊은 시절 대형 마트 체인인 이토요카도 점두에서 실제 체험한 사례로 소개한 내용이다. 이에 대해서는 스즈키 씨 본인도 '경제학으로는 설명하기 어려운 고객의 심리'를 다음과 같이 설명했다.

1만 8,000엔과 5만 8,000엔 양자택일로는 너무나 편차가 크기 때문에 비교 검토가 되지 않는다. 그렇기 때문에 아무래도 저렴한 쪽에 손이 가게 된다. 그런데 여기에 중간 등급 가격을 넣게 되면, 세 상품의 가격 비교가 쉬워지고, '어차피 오래 쓸 거니까 이 정도 가격 차이라면 고급인 5만 8,000엔짜리를 사자'라고 생각하게 되는 심리가 아닐까 하는 것이다.

그 외에도 스즈키 씨는 합리적으로 설명하기 어려운 소비자의 구매심리를 현장에서 몇 번이나 체험했다고 한다. 그중 한 사례가 점두에서 실시해 큰 반향이 일었던 '캐시백 세일'이다. 합리적으로 생각하면, 금액의 20%를 캐시백할 바에는 처음부터 20% 할인되어 있는 것이 덜 번거롭다. 그럼에도 불구하고, 일단 정산한 후에 다른 장소에서 20%만큼 현금으로 돌려주는 것이 큰 반향을 일으켰고, 이렇게 하는 걸 더 좋아하는 고객들이 많더라는 것이다. 참 신기한 일이다.

또 스즈키 씨는 소비세가 5%로 인상되면서 소비가 침체되었을 때, 구매 의욕을 고취하기 위해 '5%만큼 돌려주는 세일'을 사내 간부들에게 제안했다. 하지만 간부들은 '세일로 몇 퍼센트 할인을 해도 반응이 없는데 고작 5% 뺀다고 해서 매력을 주지는 못할 것'이라며 크게 반대했다고 한다.

그런데 시험적으로 홋카이도에서 실시했더니 큰 반향을 일으켰다. 그렇다면 '어디 한번 다시 해볼까?'하고 전국적으로 실시했더니 이 또한 대성공이었다. 특히 많이 팔린 것이 캐시미어 코트와 같은 고급품들이었다. 이 기간 동안 전년 대비 60% 증가한 매출을 기록했다고 한다. 단순히 5% 인하했다는 의미가 아니라 소비세가 증세되기 전에 미리 사두지 못했던 것들을 해결한다는 의의에서 손님들이 반응한 것이라고 생각한다.

이렇듯 합리적으로는 설명하기 어려운 것이 소비자의 구매심리이다. 여러분에게 가격에 관련된 기발한 아이디어가 있다면 일단 한번 시험해 보면 어떨까?

## 실수로 가격을 인상했다가 완판한 보석점

미국의 유명한 사회심리학자가 쓴 책의 첫머리에 나오는 에피소드이다. 미국 애리조나주의 보석점 주인이 터키석을 입고했다. 품질에 비해 합리적인 가격이었기 때문에 '이건 잘 팔릴 거다!'라고 생각했는데 영 팔리지 않았다. 어떻게든 팔아보려고 가게 입구의 눈에 띄는 장소에 놓기도 하고 이것저것 시도해 보았지만 역시나 잘 팔리지 않았다. 화가 난 주인은 휴가차 여행을 떠나기 전, 직원에게 1/2 가격으로 팔라는 지시의 메모를 종이에 남겼다. 아무리 팔아보려 해도 팔리지 않으니 반값에 처분해버리려고 한 것이었다.

그래서 휴가에서 돌아와 직원으로부터 "그 터키석 완판됐어요."라는 보고를 들었을 때에도 놀라지 않았다. 반값으로 내놓았으니 팔리는 게 당연하다고 생각한 것이다. 그런데 실제로는 그게 아니었다. 직원은 주인이 휘갈겨 쓴 '1/2'라는 숫자를 '2'로 착각해 2배 가격을 붙여 판 것이다.

그토록 여러 방법을 동원해도 팔리지 않던 터키석이, 가격을 2배로 올렸더니 순식간에 팔렸다는 사실에 주인은 놀랐다. 그리고 그 사회심리학자에게 전화를 해 "왜 그럴까요?"라고 물어봤다고 한다.

책에서는, 인간에게는 정형화된 행동 패턴이 있어서 '비싼 것은 곧 좋은 것'이라고 생각하는 것이 그 이유라고 설명한다. 쉽게 말하면 터키석 가격이 비싸다는 이유로 '좋은 물건'이라고 생각한 고객들이 앞다투어 사려고 했다는 것이다.

## 가격을 네 배 인상해 크게 대박 난 양과자점

가격을 인상해서 잘 팔리게 된 양과자점도 있다. 도쿄에 있는 이 양과자점은 원래 이탈리안 레스토랑으로 맛에 대한 평은 좋았지만 바쁘기만 하고 이익이 많이 나지 않았다. 그래서 디너 코스요리 디저트로 내던 가토 쇼콜라가 좋은 평가를 받았던 점을 생각해, 큰맘 먹고 '가토 쇼콜라 전문점'으로 다시 시작하기로 했다.

오픈 초기에는 개당 500그램인 가토 쇼콜라를 1,300엔에 판매했다. 이것 또한 품질이 좋고 맛있다는 평을 얻었지만 매출은 그저 그랬고 역시나 이익은 거의 안 나오는 상태가 계속되었다. 이 상황을 타개하기 위하여 주인은 가격을 인상하기로 결심했다.

용량을 기존의 반으로 줄인 250그램으로 하고 가격을 1,500엔으로 올린 것이다. 실질적으로 2배 이상 인상한 셈이다. 그러자 신기하게도 상품이 잘 팔리기 시작했다. 그래서 같은 용량에 2,000엔으로 인상해 보았다. 그랬더니 그 전보다도 더 잘 팔리게 되었다. 그 후 TV에서 대대적으로 보도되면서 그 타이밍에 맞춰 과감하게 1,000엔 인상한 3,000엔(당초의 네 배 이상!)으로 올렸더니 주문이 물밀듯이 밀려들어 왔다. 큰 인기를 얻으며 일본 전역에서 높은 평가를 얻게 된 것이다.

물론 단순히 가격 인상만 한 것은 아니었다. 인상할 때마다 재료를 더 좋은 품질로 바꾸고, 포장을 더욱 고급스럽고 세련되게 개선했다. 하지만 가격을 인상할 때에는 직원들의 강한 반대가 있었다. 몇 없는 단골마저 떨어져 나갈 것이라고 우려한 것이다. 하지만 주인은 단골이 떨어져 나갈 것도 각오한 상태에서 반대를 무릅쓰고 인상을 단행했다. 그 결과 '비싸더라도 일류의 상품을 먹고 싶어 하는' 새로운 고객들이 증가했다. 또 가격이 비싸다는 이유 때문에 선물로 구매할 때의 가치가 올라가기도 했다.

여러분이 판매하고 있는 상품도 가격을 인상함으로써 더 빛을 발할 가능성은 없는가?

## 가격 인상에 대해 진지하게 사죄하여 매출 증가

일본에서 아이스캔디의 기본이라 하면 '가리가리쿤'이

다. 그 변함없는 가격 역시 인기의 한 요인이었다. 그러나 2016년 4월 1일 가리가리쿤은 25년 만에 60엔에서 70엔으로 10엔 인상되었다. 사실 이 가격 인상은 가리가리쿤의 제조 및 판매 업체인 아카기 유업 내부에서 상당히 예전부터 논의되어 왔던 것인데, 실제로 인상할 경우의 고객 이탈을 우려하여 단행하지 못하고 있었다. 하지만 단품을 파는 것만으로는 이익이 안 나는 상황이라 힘든 결단을 내리지 않을 수 없는 상황이었다.

아카기 유업에서는 가격 인상에 대한 소비자들의 혹독한 반응을 예상하고 전년 대비 6% 감소를 각오하고 있었다고 한다. 그러나 실제로 인상한 달에는 판매 개수가 오히려 전년 대비 10% 증가했다. 그 이유가 뭘까?

그것은 '가격 인상'을 진지하게 마주하고, 광고나 홍보를 통해 성실히 고지했기 때문이었다. 3월에 가격 인상 판매에 대해 발표하자, 온라인을 통해 확인한 대중들의 반응들 중 90% 이상이 긍정적이었다. 예를 들면 다음과 같이 말이다.

**"지금까지 이 가격으로 잘 버텨주었네요."**
**"25년 동안 고마웠습니다."**

**"그래도 다른 아이스크림보다 저렴해요. 앞으로도 사 먹을게요."**

언론 취재도 쇄도했는데 여기에도 성실히 대응했다. 그리고 4월 1일 만우절에 '10엔 인상에 대한 사실'을 알리는 '진짜' 광고를 하기로 했다. 니혼게이자이신문 조간에 '25년간 열심히 버텼지만 가리가리쿤을 10엔 인상하겠습니다.'라는 광고 카피와 함께 회장, 사장을 비롯한 아카기 유업 사원들 약 120명이 머리를 숙이고 있는 사진을 전면광고로 낸 것이다. 이와 더불어, 역시 사원들이 계속 머리를 숙이는 60초짜리 광고를 3번 한정으로 방송에 내보냈다. 이 광고가 좋은 평판을 불러일으켰고 순식간에 SNS에 확산되었다. 소비자의 대다수가 가격 인상에 대해 호의적인 의견이었다. 이렇듯 가리가리쿤은 기업이 가격 인상에 대해 진지하게 사죄함으로써 화제가 되었고, 결론적으로 가격 인상이 오히려 대폭적인 매출 상승의 요인이 되었다.

## 가격을 인상해도 저렴해 보이는 분할 판매

제품이나 서비스를 분할 제공하여 잘 팔리게 된 사례도 있다. 한 예로, 과거에는 이발소나 미용실에서 풀 서비스를 하는 것이 기본이었다. 이발소라면 머리를 감고 수염을 깎는다. 미용실이라면 머리를 감고 펌이나 염색을 한다는 식이다. 하지만 최근 10년 사이에 커트 전문, 염색 전문 등과 같은 가게들이 늘어났다. 요지는 서비스를 분할하여 요금을 싸게 만드는 구조이다.

고객 입장에서 가격이 저렴해지는 것도 장점이지만 시간을 많이 뺏기지 않는다는 것도 큰 장점이다. 가게 입장에서도 고객 한 명당 걸리는 시간이 짧아진다는 것은 시간당 매출이 증가할 가능성이 있다는 것이다.

식품들도 점점 분할해서 판매되고 있다. 회나 반찬거리 등도 소분해서 파는 게 더 잘 팔리게 되었다. 가구당 인원이 줄어들고 1인 가구도 늘어나고 있기 때문이다. 알기 쉽게 이야기하면, 지금까지 개당 200엔으로 팔던 무를 3등분으로 나누어 개당 80엔으로 파는 형태이다. 이것을 보면 개당 단가는 낮아졌지만 무 한 통의 단가는 올랐다. 여러분이 판매하는 제품이나 서비스도 분할해서 판매해 보면 어떨까? 여러분의 상품을 찾는 사람들의 수와 매출이 증가할 지도 모른다.

## 가격파괴로 업계에 뛰어들다

지금 일본의 입시학원 업계는 어디든 경영이 어려운 상태라고 한다. 저출산으로 수험생들이 줄었다는 이유도 있지만, 지금 수험생 두 명 중 한 명이 이용하고 있다는 '스터디서플리'의 영향도 적지 않은 듯하다. '스터디서플리'는 월 980엔으로 모든 수업을 들을 수 있는 일본의 온라인 학습 서비스이다. 유명 강사의 수업들을 비롯해 저렴하면서도 매우 질 좋은 서비스를 누릴 수 있는 것이 특징이다.

입시 전문 학원의 경우 건물 유지비나 직원 인건비 등이 필요하게 되는데, 모든 것이 온라인으로 이루어지기 때문에 그러한 비용이 필요 없다는 점에서 이런 저렴한 가격이 실현될 수 있었다. 또 스마트폰으로 시청할 수 있기 때문에 수업을 듣는 학생들도 장소나 시간에 구애받지 않는다.

대입 입시 전문 학원에 다니면 연간 100만 엔 정도의 수업료가 든다. 그마저도 도시 이외 지역에서는 입시학원 자체가 없는 곳도 있기 때문에, 소득이나 지역에 따라 학습 격차가 생기는 것이 현 상황이다. 이러한 상황에서 스터디서플리는 그 격차를 해소할 수 있다는 의의도 가지고 있다. 이처럼 값비싼 금액대를 유지해 오던 업계에 가격 파괴로 도전하는 새로운 사업 모델은 소비자들의 환영을 받기 좋다.

## 기본요금 대폭 인하로 수입이 늘어난 택시회사

2017년 1월 끝 무렵의 이야기이다. 도쿄에서 미팅 예정이던 회사에 지하철을 타고 가고 있었다. 그러나 중간에 문제가 생겨 10분 정도 지하철 운행이 정지됐다. 이대로 목적지 역까지 타고 가서 거기서부터 걸어가게 되면 약속 시간까지 아슬아슬하게 도착할 것 같았다. 그래서 목적지의 전 역에서 내려 택시로 가기로 했다.

바로 도착한 택시에 "너무 가까운 거리라 죄송합니다."라고 말하며 탑승했다. 불과 몇 분 안에 목적지에 도착했고 요금을 내려고 미터기를 본 순간 깜짝 놀랐다. 410엔이라고 표시되어 있기 때문이다. 그때 생각이 났다. 도쿄 지구의 택시 기본요금이 지금까지 2킬로미터 739엔 하던 것에서 약 1킬로미터 410엔으로 인하되었다는 뉴스를 말이다. 상당히 이득을 본 기분이 들었다.

하지만 이 요금 개정에는 함정이 있다. 기본요금은 저렴해졌지만 2킬로미터를 넘게 되면 큰 차이가 없고, 6.5킬로미터부터는 기존 금액보다도 비싸게 올라가는 것이다.

**6.5킬로미터보다 짧은 거리 = 가격 인하**
**6.5킬로미터보다 먼 거리 = 가격 인상**

이렇게 되는 셈이다. 사실 당초에는 이 시책을 반대하는 택시회사들이 많았다고 한다. 기본요금이 저렴해지면 그만큼 단순히 수입이 줄어들게 되는 것은 아닌지 우려했던 것이다. 그러나 이 요금 제도를 실시하면서 확실히 고객이 늘었다. 반년 만에 도쿄 도내 대형 4개 회사의 영업 수입이 전년 대비 6.8% 증가한 것이다. 특히 2킬로미터까지의 단거리 이용 횟수가 20% 증가한 것이 전체 수입 증가로 이어지게 되었다.

## 단수가격 전략의 효과는 진짜일까?

마트, 가전제품 할인매장, 대형 의류용품점 등에서 쇼핑을 할 때 종종 보게 되는 것이 '980엔', '1,980엔'과 같이 가격의 끝자리가 단수로 표시된 가격이다. 단수 때문에 저렴하다는 느낌이 들어 매출이 늘게 된다고 알려져 있는데 정말 그럴까?

사실 이것은 어떤 상품인지에 따라서 옳다는 것이 증명된 바 있다. 사람은 숫자를 왼쪽에서 오른쪽으로 읽어 이해하는 습관이 있다. 그렇기 때문에 가장 왼쪽에 쓰인 숫자를 가장 강하게 느끼는 경향이 있다. 예를 들면 1,000엔과 980엔이면 겨우 20엔 차이지만 '1,000엔대'와 '900엔대'라는 식으로 큰 차이를 느끼게 되는 것이다. 다만 아무리 가격 인하를 해도 가장 왼쪽에 있는 숫자가 바뀌지 않으면 그 효과는 약하다.

그러나 상품에 따라서 반대의 효과가 나올 수도 있다. 싱가포르의 한 비즈니스 스쿨 연구자의 연구에 따르면, 기호품과 실용품은 가격에 대해 느끼는 바가 다르다고 알려져 있다. 전자계산기와 같은 실용품은 예상대로 '3.99달러'와 같은 단수가격이 가장 잘 팔렸다. 하지만 샴페인의 경우에는 '39.72달러', '40달러', '40.28달러'라는 세 가지 가격 중에서 딱 떨어지는 '40달러'가 가장 잘 팔렸다고 한다. 기호품이나 사치품은 단수가 있으면 싸구려처럼 느껴지게 되어 오히려 역효과가 나는 것이다.

가격에 대한 인간의 감정이란 합리적으로 설명하기 어려운 신기한 것이다. 예를 들면 평소에는 마트에서 10엔이라도 더 싼 상품을 필사적으로 찾는 사람도, 주택처럼 아주 비싼 것을 살 때는 '3,600만 엔'과 '3,700만 엔'의 차이를 그다지 신경 쓰지 않게 된다. 일반적으로 생각하면 100만 엔이나 차이가 나는데도 자릿수가 커지면 그 차이가 별것 아닌 것처럼 느끼게 되는 것이다. 인간의 심리란 생각할수록 신기하다.

## 제5장 정리

상품의 가격을 바꾸거나 조절해서 잘 팔릴 수 있게 할 수 없는지 다음의 관점에서 다시 생각해 보자.

- 팔려고 하는 제품이나 서비스를 먼저 무료로 테스트하게 하여 인지도를 올리는 방법은 어떨까?

- '무료의 힘'을 이용해 새로운 비즈니스 모델을 생각해 볼 수 없을까?

- 팔리지 않는 상품 옆에 가격을 비교할 수 있는 상품을 두는 등 가격을 이용한 새로운 판매법을 생각해 보는 건 어떨까?

- 상품의 가격을 인상해 그 가치를 더 높일 수 없을까?

- 가격 인상을 계기로 상품을 홍보할 수 없을까?

- 여러분이 판매하는 제품이나 서비스는 '분할하여' 판매할 수 없을까?

- 소비자의 구매심리를 응용해 '새로운 가격 매기기'를 해보는 건 어떨까?

## 제6장

# 방식을 바꿔라

고객의 만족도를 높이는
기발한 판매 아이디어들

# 식사 메뉴를 무작위로 정해주는 기계가 있다?

얼마 전 차로 멀리 다녀온 날 있었던 일이다. 고속도로를 달리다가 배가 고파져서 휴게소에서 식사를 하기로 했다. 마침 점심시간이어서 휴게소는 제법 붐비는 상태였다. 식당은 식권 판매기로 미리 식권을 구매해야 이용할 수 있었는데 사람들이 길게 줄을 서고 있었다. 하는 수 없이 줄을 섰지만 줄이 잘 줄지 않았다. 앞쪽을 보니 한 커플이 식권 판매기 앞에서 무엇을 주문할지 고민하고 있었다. 바로 뒤에 줄을 서고 있던 아저씨가 상당히 짜증이 나 있다는 것을 알 수 있었다. 그때 나는 '그게 있으면 좋을 텐데…' 하고 생각했다. 그것은 바로 얼마 전 뉴스에 나왔던 '가챠메시'(캡슐토이를 의미하는 '가챠가챠'와 일본어로 식사를 의미하는 '메시'를 결합한 단어)이다.

'가챠메시'는 어느 고속도로 휴게소의 음식점에서 실시된 여름철 한정 서비스의 명칭이다. '가챠가챠'라고 불리는 뽑기 기계에 500엔을 넣고 손잡이를 돌려서 뽑은 캡슐토이로 주문할 메뉴를 정하는 시스템이다. 캡슐토이 안에는 음식 이름이 적혀 있다. 메뉴는 우동이나 정식 등 20종류. 어떤 메뉴가 당첨되었는지는 실제로 요리를 받을 때가 아니면 알 수 없다. 다만, 적어도 600엔 이상 하는 메뉴들이기 때문에 가격적인 손해는 없다. 가장 비싼 메뉴는 와규의 최고봉이라 불리는 타지마규 모둠 세트로 무려 2,100엔(한화로 약 21,000원)인데, 이 메뉴에 당첨이 될 확률은 3%라고 한다.

원래는 여름 휴가철 붐비는 시기에 대한 대책 회의 중에 이 기획이 탄생하였다. 식권 판매기 앞에서 어떤 메뉴를 선택할지 고민하는 손님들이 많다는 문제에 대해 이야기하던 중, 한 직원이 "사실 점심 같은 건 아무거나 먹어도 상관없는데 말이지."라고 말한 것이 그 계기였다. 생각해 보면 고속도로 휴게소에서 '이게 꼭 먹고 싶다.'라고 생각하고 오는 사람은 많지 않을 것이다. 그래서 '무엇을 먹고 싶은지 안 정했다', '사실 아무거나 먹어도 상관없다'라고 생각하는 고객들에게 가챠가챠로 메뉴를 정해주면 빨리 정해지니 스트레스가 줄고, 가게도 회전율이 오르기 때문에 좋겠다는 아이디어였다. 또한, 여름 휴가를 위해 휴게소를 방문한 가족들에게 즐거움을 주기 위해 비싼 메뉴에 당첨될 수도 있다는 엔터테인먼트적 요소도 가미했다.

이러한 서비스를 실제로 해본 결과, 회전율이 올랐을 뿐만 아니라 SNS 등에서도 큰 화제를 불러일으켰다. '가챠메시' 때문에 휴게소에 들르는 가족 단위 손님도 많아져서 본의 아니게 '매출 증가'라는 기분 좋은 일도 생겼다. 타지마규와 같은 대박 당첨이 나오게 되어 종이 울리면, 온 식당 전체가 박수로 뒤덮이는 가슴 따스해지는 상황도 있었다고 한다.

고속도로 휴게소 식당이 아니더라도, 이렇게 무작위로 살 상품을 정해주는 시스템은 여러 가지 가게에서 응용이 가능할 것 같다. 이것은 요즘 시대에 많은 사람이 일상생활 속에서 결정해야 할 것들이 너무 많아 지쳐 있기 때문이다. 사야 할 상품을 마음대로 정해주면 도움도 되고, 거기에 '당첨'과 같은 엔터테인먼트 요소가 있다면 한껏 기분이 좋아진다. 음식점은 물론, 물건을 판매하는 가게에서도 이것을 응용할 수 있지 않을까? 예를 들어 서점에는 책이 너무 많아서 읽을 책을 고르기 힘들다는 의견이 종종 있다. 이런 사람들을 위해서 책을 대신 골라주는 서점이 있다면 어떨까? 좋아할 사람들이 있을지도 모른다.

제6장에서 바꾸는 것은 '판매 방식'이다. 앞에서 말한 고속도로 휴게소 식당은 메뉴를 무작위로 정해준다는 획기적인 방식을 생각해 내어 이것이 매출 증대로 이어졌다. 이처럼 기발한 판매 방식으로 물건을 잘 판매한 사례를 소개해 보고자 한다.

## 획기적인 아이디어로 최고의 영업사원을 얻어라

지인 중에 엄청난 아이돌 광팬이 있다. 그는 대기업 광고 대리점 직원으로, 업무상 음반 회사에서 무료 샘플을 받는 입장에 있음에도 불구하고, 좋아하는 아이돌의 CD가 나오면 아무렇지 않게 그냥 100장 이상은 사버린다. 당연히 수십만 엔 지출하게 되는데 당사자는 전혀 신경 쓰는 기색이 없다. 구매한 CD는 업무로 만나는 사람들에게 계속 나

뉘준다. 나 역시도 몇 번 받은 적이 있다. 일본에서는 아이돌 업계 용어로 이러한 행위를 '포교(布教)'라고 부른다고 한다. 이렇듯 고객이 영업사원이 되어 여러분의 상품을 홍보해 준다면 더할 나위 없이 좋은 일이다. 이처럼 고객이 직접 상품을 홍보해 주도록 이끌어 판매에 성공한 사례들이 있다.

미국에서 뜨개질 용품 등을 취급하는 회사가 어떤 이벤트를 해서 고객 1인당 매출액을 3배 이상으로 끌어올리는 데 성공했다. 어떤 이벤트였을 것 같은가?

바로 '같은 재봉틀을 두 대 사면 10% 할인 해주는 행사'이다. '뭐? 그런 이벤트로 물건이 팔린다고?'라고 생각했는가? 물론 그렇게 생각하는 게 당연하다. 이벤트를 기획한 쪽도 성공한다는 확신이 있었던 것은 아니다. 이 회사는 어쨌든 시험을 해보는 것에 적극적인 회사였다. 대수롭지 않은 아이디어여도 일단 시험해 보고 결과가 별로라면 바로 그만두면 된다는 식이다. 그런 가운데 생각난 아이디어로 실시한 '같은 재봉틀을 두 대 사면 10% 할인하는 행사'가 유례없는 큰 성공을 거둔 것이다.

당연한 소리겠지만 같은 재봉틀을 두 대 갖고 싶어 하

는 사람은 거의 없다. 이 이벤트의 광고를 본 고객은 가지고 싶은 재봉틀이 10% 할인된다는 말에 지인에게 공동구매를 하자고 제안한 것이다. 이 회사는 약간의 가격 인하와 맞바꾸어, 수많은 우수한 영업사원을 얻게 되었다고도 할 수 있다.

네슬레 제펜은 5년 전부터 가정용 커피머신 '네스카페 골드블렌드 바리스타'를 영업하기 위해 '네스카페 앰버서더'라는 멤버십 제도를 도입하여 큰 성공을 거두었다. 이는 커피머신을 사무실에 보급하기 위해 실시하고 있는 것으로, 쉽게 이야기하면 고객이 사무실에서 제품의 영업사원처럼 활동하게 하는 구조이다. 참고로 이것은 커피머신을 팔아서 돈을 벌어들이는 것이 아니라 매일 소비되는 커피 캡슐 패키지로 수입을 얻는 비즈니스 모델이다. 많은 사람이 커피를 소비하는 사무실이라면 머신을 무료로 빌려줘도 본전은 남는다는 걸 내다보고 시작한 것이다. 이 커피머신을 각각의 사무실에 도입하는 역할을 하는 것이 '네스카페 앰버서더'인데, 앰버서더로 활동하는 방법은 다음과 같다.

- 회사로부터 사무실에 바리스타 머신을 설치해도 된

다는 승인을 받는다.
- 네스카페 앰버서더 참여 신청을 하고 심사를 받는다.
- 심사에 통과하면 배송받은 바리스타 머신을 사무실에 설치한다.
- 동료들에게 커피 대금을 수금하여 바리스타 머신 전용 커피 캡슐을 산다.
- 정기적으로 설문조사에 응한다.
- 사무실에서 커피를 마시는 사진을 올린다.

생각하기에 따라서는 영업사원 그 이상의 활동을 한다고도 할 수 있다. 물론 보수는 없다. 그런데 많은 앰버서더들이 기분 좋게 이 활동을 수행하고 있다. '자신이 동료들에게 도움을 주고 있다'라는 점에서 뿌듯함을 느끼기 때문에 귀찮은 절차들조차도 긍정적인 마음으로 해낼 수 있는 것이다. 물론 판매하는 기업 측도 그들의 노고를 보상하는 활동을 한다. 1년에 두 번씩 앰버서더들을 위해 감사 파티를 열기도 하고, 인터넷 커뮤니티를 개설하여 앰버서더들끼리 교류할 수 있게 하고 있다. 네스카페 앰버서더는 4년 만에 30만 명을 돌파했다. 물론 이에 비례해 커피 패키지도 매우 잘 판매되고 있는 것은 말할 것도 없다.

여러분이 팔려고 하는 상품도 고객이 대신 영업해 주는 '새로운 판매 방식'이 있지 않을까?

## 상식을 뛰어넘는 아이디어로 용도 바꾸기

지금으로부터 100년도 더 된 1915년. 전년도의 파나마 운하 개통을 기념하는 의미로 샌프란시스코에서 만국박람회가 열렸다. 여기에 한 일본 회사가 상품을 묶는 용도로 종이테이프를 출품했는데 전혀 팔리지 않았다. 미국에서는 이미 천 재질로 된 포장용 리본이 보급되고 있었기 때문이다. 이 회사의 담당자는 대량으로 남게 된 재고에 머리를 싸매기 시작했다. 그런 그에게 도움의 손길을 내민 것이 당시 샌프란시스코에 살고 있던 일본 이민자, 모리노 쇼키치 씨였다. 그는 종이테이프를 완전히 다른 용도로 사용하는 아이디어를 내 대량으로 남은 재고를 단번에 정리했다. 어떤 아이디어였을 것 같은가?

모리노 씨는 만국박람회 때문에 전 세계에서 샌프란시스코 항구에 모여든 '객선'에 주목했다. 출항이 코앞에 다가온 배의 주변에는 승선객들과 그들을 배웅하는 사람들로 붐비고 있다. 그것을 보고 그 사람들에게 종이테이프를 판매하는 방법은 없을까 생각한 것이다. 배에서 종이테이프의 끝을 잡고 던지면 종이테이프가 포물선을 그리며 아름답게 떨어진다. 그것을 '작별의 악수'의 의미로 보고 '종이테이프로 아쉬운 작별의 악수를 하자.'라는 카피로 판매한 것이다.

그러자 종이테이프는 날개 돋친 듯 팔렸고, 이윽고 항구에서는 객선이 출항할 때마다 종이테이프가 날아다니게 되었다. 이를 계기로 객선이 출항할 때 종이테이프를 던지는 것이 전 세계의 관습이 되었다고 알려져 있다.

이와 비슷한 예시로 창업한 지 100년 이상 된 노포 화과자점이 있다. 이 가게의 명물은 '셋푸쿠 모나카'다. 일반 모나카 대비 모나카 껍질 속에 넘쳐날 정도로 팥고물이 많이 들어 있는 것이 특징이다. 이것은 이 화과자점을 3대째 이어 운영하고 있는 현 가게 주인이 '보관을 오래 할 수 있는 과자이면서 신바시의 특징을 담은 명물을 만들고 싶다.'라는 마음으로 만든 상품이라고 한다.

할복을 뜻하는 '셋푸쿠'라는 거창한 이름은 가게가 있

는 장소가 일본의 대표적인 국민극인 '주신구라'로 유명한 아사노 다쿠미노카미가 할복한 저택의 고터인 점에서 생각해 낸 것이었다. 직감적으로 이 이름이 마음에 들었던 가게 주인은 이 이름을 붙인 모나카를 상품화하기 위한 계획을 세우게 된다. 그러나 당초에는 가족들이 큰 반대를 하여 실현되지 못했다.

모나카와 같은 화과자는 '축하'나 '병문안' 용도로 사가는 사람들이 많은데 그런 찜찜한 이름으로 팔면 누가 사겠느냐는 이유였다. 물론 논리적으로 그 말이 맞지만 주인은 쉽게 포기할 수 없었다.

외부 사람들의 반응은 조금 다를지도 모른다고 생각해서 단골이던 은행 지점장에게 설문조사를 부탁했는데, 여기서도 119명 중 118명이 반대하는 처참한 결과가 나왔다. 그래도 주인은 한 명이 찬성표를 주었다는 점에 용기를 얻어 2년이라는 시간 동안 끈질기게 가족을 설득했고 얼마 후 가까스로 상품화를 하기에 이르렀다. 하지만 당초에는 가족들이 우려했던 대로 전혀 팔리지 않았다.

판도가 바뀌게 된 계기는 한 증권회사 지점장과의 대화였다. 부하 직원이 낸 수천만 엔의 손실을 사죄하기 위해 고객에게 가지고 갈 선물을 찾고 있다는 지점장에게, 가게 주인은 "'제 배는 가를 수 없지만 대신 이 과자가 배를 갈랐습니다.'라고 하면서 사과해 보면 어떠세요?"라며 셋푸쿠 모나카를 추천한 것이다. 물론 우스개로 한 말이었지만 지점장은 이를 진지하게 받아들여 사죄용 선물로 '셋푸쿠 모나카'를 사 갔다.

그리고 1주일 후 지점장은 다시 가게에 나타나 그 말대로 사죄드렸더니 웃으면서 용서해 주시더라며 주인에게 보고했다. '셋푸쿠 모나카'가 '사죄용 선물'로 새롭게 탄생한 순간이었다. 가게가 언론 취재에서 이 에피소드를 이야기하자 그것이 기사에 실렸고, 기사를 읽은 비즈니스맨들이 모나카를 사러 오게 되면서 상품은 큰 인기 상품이 되었다. 당초에는 가족들이 우려한 대로 '축하'나 '병문안' 용 상품으로는 팔리지 않았지만 '사죄용 선물'이라는 새로운 용도가 개척되면서 히트를 친 것이다. 그리하여 '신바시 명물'이 된 '셋푸쿠 모나카'는 전국 백화점이나 공항 등에서도 팔리게 되었다. 여러분이 팔고자 하는 상품도 지금까지의 상식과 다른 용도로 잘 팔리게 될 가능성은 없을까?

## 단일품목으로 팔아서 인기를 누린 상품

최근 도쿄의 역이나 상업시설 등에서 자주 보는 '크림빵' 전문점이 있다. 빵이라기보다 디저트에 가깝고, 차게 해서 먹으면 입에 넣는 순간 '사르르' 녹아버릴 것 같은 촉촉함이 특징이다.

이 크림빵 제조회사는 원래 히로시마현에 있던 지역 빵집이었다. 쇼와 초기에 창업된 화과자점이었는데 현재 사장이 빵집으로 장사를 전환한 것이다. 한때는 10개 점포까지 확장할 정도로 장사가 잘됐는데, 사업이 주춤하면서 1개 점포만 남긴 채 모두 폐쇄되었다. 부도 직전의 역경을 겪던 가운데 마트에 도매로 납품하면서 활로를 찾아 어찌어찌 사업을 회복시켰다.

그러나 경쟁사가 늘어나면서 또다시 실적이 정체되기 시작했다. '이대로 가다가는 미래가 없다'라고 생각한 사장은 판매 상품을 '단일품목'으로 좁혀 '시그니처 상품'을 만들기로 했다. 같은 지역에 있던 어느 화과자점이 '머스캣을 찹쌀 반죽인 규히로 감싼 화과자'로 판매 품목을 좁혀 백화점에 진출하여 크게 성공한 데에 자극을 받은 것이었다.

그때부터 시행착오가 시작되었다. 얼마 후 이 회사는 '사르르'라는 키워드에 도달하게 된다. 일반적으로 빵은 씹을수록 단맛이나 풍미가 나오는 법인데, 지금까지 빵에서는 터부시되었던 '입에서 사르르 녹는 빵'을 스탠다드 상품으로 내세우는 것을 실현하려는 발상에서 도달한 것이 '크림빵'이었다.

그러나 거기서부터가 또 다른 시행착오의 연속이었다. '사르르 녹는' 식감을 만들기 위해, 구워낸 빵 속에 나중에 크림을 충전하려고 해보았지만 쉽지 않았다. 아무리 해도 계속 크림이 삐져나오게 되는 것이었다. 샘플 상품을 폐기하기엔 아까워 냉장고에 넣어 직원들이 간식으로 먹었는데 그것이 새로운 발견으로 이어졌다. 냉장고에 넣어둠으로써 빵과 크림이 일체화된 '촉촉함'이 나온다는 것을 알게 된 것이다.

게다가 소맥분에 박력분의 비율을 늘렸더니 크림이 삐져나오는 문제도 해결되었다. 이렇게 해서 그토록 찾던 사르르 녹는 크림빵이 탄생하게 된 것이다. 시험 판매를 해보았더니 어디서든 훌륭한 평을 얻으며 팔려나갔다.

그 결과를 보고 자신감이 커진 사장은 지금까지 제조

및 납품을 해 왔던 100종류 이상 되는 빵을 모두 정리하고 크림빵을 단일품목으로 판매하기로 결심했다. 물론 안팎으로 반대나 불안감을 표하는 목소리가 컸지만 사장의 신념은 흔들리지 않았다.

그렇게 '크림빵'만 단일품목으로 만들어 파는 방식으로 바꾸자마자 상품은 순식간에 엄청난 인기를 얻었다. 가게에서도 히로시마 내 백화점에서도 불티나게 팔렸다. 그리고 도쿄에도 진출하게 되었다. 히로시마에서 갓 만들어진 상품을 항공으로 수송해 시험 판매를 한 결과 어떤 곳에서든 놀랄 만한 매출을 올리게 되었다. TV에서도 이 크림빵을 소개하는 연예인들이 늘어나면서 인지도도 더욱더 높아졌으며 점포도 점점 늘어나기 시작했다. 지금 이 크림빵 가게는 일본 전국은 물론 싱가포르, 홍콩 등 해외에도 진출해 있으며, 한국에도 진출한 적이 있었다. 이처럼 상품의 가짓수를 줄이고 가장 자신 있는 품목 하나만을 판매해 보는 건 어떨까?

## 신성한 기운을 넣은 빵

빵 이야기를 하다 보니 생각이 났는데 일본의 고속열차인 신칸센 오다와라 역에 빵집이 하나 있다. 그 옆을 지나면 나도 모르게 팥빵을 사게 된다. 평소 팥빵을 사거나 먹지도 않는데 말이다. 맛있긴 하지만 특별한 맛이 있는 것도 아니다. 그렇다면 왜 사는 것일까?

먹기 좋은 사이즈라는 점도 있지만 그것보다 더 큰 이유가 있다. 그 팥빵이 하코네에 있는 어느 신사의 경내에서 뿜어져 나오는 '용신수'를 사용해서 만들기 때문이다. 나는 그 신사를 좋아해서, 매월 올리는 제사 등에도 봉납한다는 그 팥빵을 먹으면 왠지 모르게 신성한 기운을 받는 것 같은 기분이 든다. 그래서 열차를 탈 때마다 함께 사 먹게 되는 것이다. 빵집에서 가장 눈에 띄는 장소에 진열되어 있어서 그 빵집에서도 가장 인기 있는 상품은 아닐까 싶다. 여러분이 판매하고 있는 상품에도 무언가 신성함을 느낄 만한 것을 넣을 수는 없을까?

## 인스타 감성을 팔다

최근 알게 된 용어 중에 '모에단'이라는 것이 있다. '샌드위치나 삼각김밥 등을 잘랐을 때 자른 단면이 예쁜 음식'을 말한다. 최근에는 음식을 자른 단면을 어필하는 '모에단 샌드위치'나 '모에단 삼각김밥'을 셀링 포인트로 하는 가게도 늘고 있다. 맛 이상으로 비주얼을 중요시하게 된 경향은 십수 년 전 '블로그'가 인기를 얻기 시작할 무렵부터 생겼다.

게다가 최근 몇 년 동안 사진을 중심으로 한 '인스타그램' 등 SNS가 유행하면서 '인스타 감성'이라는 단어가 탄생하자 이는 더욱 두드러진 현상이 되었다. 최근에는 인스타그램에 예쁘게 나오는 '팬케이크', '파르페', '빙수', '스무디', '샐러드' 등의 메뉴를 제공하는 가게들이 엄청난 기세로 늘고 있다. 이 가게들은 극단적으로 말하면 음식을 팔고 있는 것이 아니라 '인스타 감성'을 팔고 있다 해도 과언이 아니다.

물론 음식만 그런 것이 아니다. 한 100엔 숍 체인도 여성 바이어로만 구성된 팀을 만들어 인스타 감성이 좋은 사진을 업로드하는 데 주력하고 있다. 사진을 업로드한 후 상품 매출이 급증하는 케이스나 지금까지는 거의 팔리지 않던 상품들이 갑자기 잘 팔리기 시작하는 경우도 종종 있다고 한다. 100엔 숍은 원래 40대 이상 주부층들이 애용한다는 특징이 있었는데 젊은 여성들이 인스타그램 업로드를 하기 시작하면서 30대 이하 여성 고객들이 늘었다고 한다. 여러분이 판매하고 있는 상품도 '인스타 감성'을 좋아하는 사람들을 겨냥해 볼 수 없을까?

## 기발함으로 승부한 인기 수족관들

이 책의 편집자와 함께 책 커버 디자인에 관한 미팅을 했다. 미팅이 끝나자 그녀는 "저 지금 이케부쿠로에 있는 호러 수족관에 갈 거예요."라고 말하고 즐거운 표정으로 떠나갔다. 호러 수족관? 그게 뭐지? 나중에 알아보니 이케부쿠로의 고층 빌딩에 있는 수족관에서 실시하고 있는 이벤트였다. 일반 영업시간이 끝난 후 밤 시간에 수족관에서 유명한 귀신의 집 프로듀서와 기획한 호러 수족관을 열고 있는데 그게 큰 인기를 끌고 있다는 것이다. 귀신의 집을 원래 좋아하지 않기 때문에 가보고 싶다는 생각은 눈곱만큼도 없지만 아무도 없는 밤 시간대의 수족관을 이벤트로 이용한다는 아이디어는 재미있다고 생각했다.

얼마 전 시나가와에 있는 한 수족관은 '이케우오 파라다이스'라는 이벤트를 기획해 화제가 되었다. 이케우오는 훈남을 뜻하는 이케맨에 빗댄 단어로 물고기를 훈남으로 이미지화한 것이다. 이는 훈남처럼 멋진 목소리를 가진 인기 남자 성우의 목소리를 이용해 새로운 고객층을 개척하려는 시도였다. 수조 옆에 태블릿 단말기가 있는데, 화면 위의 버튼을 누르면 멋진 목소리로 물고기를 연기하는 성우의 달달한 멘트가 나오는 시스템이다.

예를 들면 부끄럼쟁이 횐동가리는 "저기…… 저의 말미잘이 되어 주세요." 바닷속 모래에서 목을 내밀듯 나타나는 움직임이 인상적인 가든 일은 "목이 빠지도록 널 기다리고 있어." 코랄캣상어는 "콱 물어서라도 너를 놓치지 않겠어……."라며 상어다운 강인한 멘트가 나온다.

어찌 보면 바보 같기도 하지만, 물고기에 새로운 가치를 붙여줌으로써 평소에 수족관에 잘 오지 않는 성우 팬들도 흥미를 가지게 할 수 있었던 성공사례라고 할 수 있다. 참신한 아이디어임을 인정할 수밖에 없는 새로운 방식인 것 같다. 참고로 물고기의 멘트는 시간대나 날씨에 따라서도 바뀐다. 이 때문에 팬들이 또다시 수족관을 찾아오는데, 이것 또한 좋은 아이디어라고 생각했다.

일반적으로 수족관이라 하면 고래상어처럼 마스코트가 될 만한 물고기가 있는지 여부가 인기의 척도가 되는 경우가 많다. 그러나 인기 있는 물고기가 없어도 인기 수족관이 될 수는 있다.

야마나시현 쓰루오카시에 있는 한 수족관은 20년 전, 문 닫는 건 시간 문제라고 할 정도로 인기 없는 수족관이었다. 그러나 어떤 계기로 인해 '해파리' 전시에 주력하기 시작하면서 인기를 얻게 되어 조금씩 회복세를 보였다. 지금은 '세계 최고의 해파리 수족관'으로서, 20년 전 수준의 10배 가까운 사람들이 입장할 정도로 매우 인기 있는 수족관이 되었다. 전시하는 해양생물의 종류를 좁혀 몇 가지에만 포커스를 두는 전략이 이 수족관을 인기 수족관으로 만든 것이다.

홋카이도 기타미시의 산간부에 위치한 민물고기만 취급하는 작은 수족관 역시 오랜 시간 동안 고객이 적어 경영이 어려운 상태였다. 특히 겨울철엔 극심한 추위 때문에 폐관할 수밖에 없었다. 그러나 2012년 리뉴얼로 전년도 10배나 되는 관광객들이 밀려오는 인기 수족관이 되었다. 겨울철에 야외 수조가 얼어붙을 정도로 추워지는 것을 역이용하여 '세계 최초, 강이 얼어붙는 수조', '일본 최초의 용소(폭포수가 떨어지는 깊은 웅덩이) 수조' 등 다른 곳에는 없는 '최초'를 강조하며 인기 수족관이 된 것이었다.

아이치현 가마고리시에 있는 수족관도 시설이 낙후된 데에다 특별히 시그니처가 될 만한 물고기도 없다는 이유로 입장객 수가 계속 감소했다. 그러나 2010년 수족관 관장이 바뀌면서 직원들이 새로운 시도를 하기 시작했다. 먼저 물고기를 직접 만져볼 수 있는 '터치 풀' 등을 시도했는데, 이를 계기로 고객이 조금씩 늘어나기 시작했다. 또 직원이 직접 쓴 POP 손글씨가 재미있다고 SNS 상에서 소문이 났고, 그 덕분에 인기에 불이 붙어 7년 만에 입장객 수가 3배 증가했다. 특별히 시설을 리뉴얼한 것도 아닌데 직원들의 열의와 아이디어로 인기 수족관이 될 수 있었던 것이다.

## 추억의 공간이라는 콘셉트로 팔다

'상품' 자체가 아니라 그것을 이용하는 '체험'을 셀링 포인트로 해서 그동안 팔리지 않던 상품이 잘 팔리기 시작하는 경우도 있다. 군마현의 60년 이상 된 놀이공원이 판매 방법을 바꾸어 최근 몇 년 동안 입장객이 급증하고 있다. 놀이기구를 새롭게 바꾼 것도 아니다. 그렇다면 과연 이 놀이공원은 어떤 방식을 적용했을까? 그것은 바로……

'일본 최고의 추억의 놀이공원'이라는 콘셉트를 SNS에 내보내기 시작한 것이다. 특히 추억의 아이콘이 된 것은 놀이공원 개원 당시부터 있던 '전동목마'.

60년 넘는 세월 동안 500만 명 이상의 어린이들이 타고 놀았다는 점에서 이 목마가 있는 '목마관'은 국가 유형문화재로 등록 지정되어 있는데 요금은 무려 회당 10엔이다.

그 그리운 추억이 느껴지는 자태가 포토제닉이라는 점과 더불어, 과거에 자신과 아이들을 데리고 놀러 왔던 사람들이 지금 또다시 자기 아이들이나 손주들을 데리고 오게 되었고, 많은 부모님이 목마에 탄 아이들의 사진을 업로드하기 시작했다. 이렇게 '그리운 추억의 체험을 파는' 것으로 이 놀이공원은 2016년에 개업 이래 최다 입장객

수를 기록했다. 여러분도 상품에 담긴 추억을 팔아보는 건 어떨까?

## 다른 상품과 비교하게 하라

단품으로는 팔리지 않았던 것이라도 다른 상품과 비교 체험하게 함으로써 그 품질이 전해지는 경우가 있다. 일전에 니가타의 한 상점가에 있는 쌀집에서 실시한 이벤트에 참가한 적이 있다. 바로 '쌀을 먹고 비교해 보는 이벤트'였다. 유명 브랜드 쌀, 마트에서 파는 쌀, 그 가게에서 직접 만든 시그니처 쌀 등으로 동시에 밥을 짓고, 이를 먹고 비교해 보는 이벤트이다. 어떤 쌀로 지은 밥인지는 알려주지 않는다. 이는 상당히 인기 있는 이벤트였다.

상품 하나만으로 그 품질을 전달하기 쉽지 않다. 하지만 판매 상품과 타 상품을 동시에 사용해 보고 비교할 수 있게 한다면, 타 상품보다 뛰어난 품질을 좀 더 쉽게 전달할 수 있을 것이다.

예를 들어 토종닭 숯불구이가 셀링 포인트인 닭꼬치집

이라면 숯불 닭꼬치와 가스 화로로 구운 닭꼬치를 각각 먹고 비교해 볼 수 있게 하면 어떨까? 그렇게 하면 차이가 돋보이기 때문에 '역시 다르네.' 하고 마음속으로 납득하게 될 것이고, '닭고기를 비교하며 먹어볼 수 있는 가게가 있다더라.' 하고 입소문이 퍼지기 쉬운 장점도 있다.

최근 급성장 중인 회전초밥 체인점은 항상 폰즈를 포함한 다섯 종류의 간장이 놓여 있는 것이 셀링 포인트이다. 여러 종류의 간장을 비교하면서 먹어 볼 수 있다는 점에서 조금 득을 본 느낌이 들게 한다. 초밥 본연의 재료로 차별화하는 것이 아니라, 이렇게 비교적 돈이 덜 드는 부분에 선택지를 준비한다는 것도 꽤 좋은 아이디어인 것 같다.

이러한 '비교를 체험하게 하는' 방식은 음식뿐 아니라 다양한 제품에 응용할 수 있다. 기업을 대상으로 하는 B2B 상품의 판매 미팅이라면 자사 제품과 함께 비교 대상이 될 타사 제품도 가지고 가서 비교하게 해보면 어떨까? 여러분이 팔고자 하는 상품도 다른 상품과 비교하게 해서 빛을 발할 가능성은 없을까?

## 작은 서비스의 힘

고객이 기대하지 못한 서비스를 제공함으로써 경쟁자에게 승리하는 판매 방법이 있다. 미국에서 매우 번창하고 있는 자전거 수리점이 있다. 특별히 기술이 탁월한 것은 아니다. 그렇다면 번창하는 이유가 무엇일까?

이 자전거 수리점은 일단 요청받은 일을 성심성의껏 성실하게 수리한다. 그리고 모든 작업이 끝난 후 고객들에게 추가로 서비스 시간 5분을 준비한다. 이 시간 동안 무엇이든 딱 한 가지, 고객이 요청하지 않은 서비스를 제공하는 것이다.

예를 들면 어떤 손님에게는 타이어 공기를 넣어주고 체인을 반짝반짝하게 닦아준다. 아이들이 고객인 경우에는 핸들에 리본이나 작은 마스코트를 달아주기도 한다. 고객들은 이 5분 동안 '어떤 서비스를 제공해 주는 걸까?' 하고 설레는 마음으로 기대하면서 자전거 수리가 끝나는 것을 기다린다고 한다. 이 고작 5분이라는 시간 동안 이루어지는 작업이 고객에게 감동을 주고 다른 자전거 수리점들과 차별화된 포지션을 얻게 한 것이다. 이런 선물같은 서비스를 제공하는 것은 모든 업종에서 통하는 방식이다.

## 제6장 정리

여러분이 파는 상품의 '판매 방식'을 바꾸면 잘 팔릴 수 없는지 다음의 관점에서 다시 생각해 보자.

- 고객이 여러분의 상품을 선택해야 할 때 '랜덤 선택'이나 '엔터테인먼트적' 요소를 도입할 수 없을까?

- '고객을 영업사원으로' 해서 여러분이 팔려고 하는 상품을 고객이 대신 팔게 하면 어떨까?

- 여러분의 상품은 '지금까지의 상식과 다른 용도로' 팔 수 없을까?

- 상품의 종류를 줄여서 '단일품목'으로 팔아보면 어떨까?

- 여러분이 팔고 있는 상품에 무언가 '신성한 기운'이 될 만한 것을 넣을 수는 없을까?

- 시그니처 상품이 없더라도 인기를 얻을 수 있는 판매 아이디어가 있지 않을까?

- '추억', '비교', '선물 같은 서비스' 등을 활용해서 상품을 특별하게 만들 수 없을까?

## 제7장

# 목적을 바꿔라

돈을 버는 것과 물건을 산다는 것
이외의 의미를 부여하기

## 버려지는 식재료의 가치를 알려
## 성공한 식당

얼마 전 한 회사 건물 지하에서 신기한 이름을 가진 선술집을 발견했다. '쓰키지 못따이나이 프로젝트 우오하루'가 그곳의 이름이었다. 가게 이름을 보고 '이게 뭐지?' 하고 생각했다.

영업시간이 아니었기 때문에 들어가 볼 수는 없었지만 궁금해서 찾아보았다. 알고보니 이 가게의 이름은 도쿄의 유명 수산시장인 쓰키지 시장에서 폐기되는 생선을 구제한다는 의미였고, 이 가게는 맛이나 신선도에는 문제가 없는데 '규격보다 크거나 작다', '모양이 별로다', '잡을 때나 운송할 때 상처가 났다', '너무 많이 잡혔다', '계절 상품이 아니다', '어획량이 너무 적어서 거래 대상이 되지 못했다', '경매에서 팔리다 남았다' 등의 이유로 폐기처분 되는 생선들을 간판 메뉴로 한 선술집이었다.

앞에서 말한 이유로 쓰키지 시장에서 폐기되는 신선한 생선들은 연간 2만 톤에 달하며, 이는 쓰키지 시장의 전체 폐기량의 반 이상에 해당한다고 한다. 이처럼 버리기 아까운 생선을 맛있는 음식으로 바꾸고, 세간에 '아깝게 버려지는 식재료의 가치를 널리 알리는 것'이 이 선술집의 목적이다.

메뉴판에는 그 생선이 왜 버리기 아까운 생선인지 그 이유가 적혀 있다고 한다. 예를 들어 고급 생선인 눈볼대는 '트롤 낚시로 비늘에 상처가 생겨 팔리지 못했다', 털게는 '운반 중 다리가 하나 부러졌다'라는 식으로 폐기처분될 뻔한 이유를 잘 설명하고 있다고 한다.

비록 상품이 되지는 못했지만 쓰키지에서 일등이라 불리는 중간도매업자들이 선별한 물건이기 때문에 신선도나 맛은 보증되어 있는 셈이었다. 가격도 합리적인 편이지만 아깝게 버려지는 식재료의 가치를 알리기 위해 굳이 싼 값을 강조하지는 않았다.

알아보면 알아볼수록 나는 이 가게에 가보고 싶어졌다. 이 가게의 이념을 공감할 수 있었기 때문이다. 나 역시도 '묻혀버리기엔 아까운 회사들을 말로써 살려낸다.'라는 이념을 세우고 있기 때문에 멋대로 친밀감을 느꼈다는 점도 있다.

아마도 가게에 와 있는 손님들도 단순히 맛있고 싸다는 이유뿐만 아니라 이들의 의도에 공감한 사람들이 많은 건 아닐까? 이 가게가 성공해서 비슷한 가게들이 늘어난다면 아깝게 폐기되는 생선들이 크게 줄어들 가능성을 느끼기 때문이다. 이를테면 이 가게는 단순히 생선을 팔고 있는 것이 아니라 '버려지기 아까운 것을 구제한다.'라는 목적을 강조함으로써 '새로운 스토리'를 팔고 있는지도 모른다.

제7장에서 바꾸려는 것은 '목적'이다. '파는 목적', '사게 하려는 목적', '이용하게 하려는 목적' 등을 바꿈으로써 팔리지 않았던 것이 잘 팔릴 수 있게 된 사례들을 소개하고자 한다. 그리고 이 장을 맨 마지막으로 가지고 온 데는 이유가 있다. '목적을 바꾼다'라는 것은 제1장의 '셀링 포인트를 바꾼다'라는 것과 더불어, 2~6장보다 근본적인 부분을 바꾸는 것이기 때문이다. 특히 파는 목적을 바꾼다는 것은 수입을 벌기 위해서 상품을 파는 것 외의 '또 다른 목적'을 설정한다는 의미도 있어서 생각을 보다 근본적으로 바꿀 필요가 있다. 이러한 판매 방법의 근본적인 변화는 제대로 끼워 맞추면 큰 성과를 올릴 수도 있다.

## 수익을 기부하여 더 많은 고객을 얻다

'파는 목적'을 바꿀 때 사람들의 호감을 쉽게 얻는 방법 중에 하나가 '사회 공헌'을 목적으로 하는 것이다. 앞서 말한 '쓰키지 못따이나이 프로젝트' 역시 일종의 사회 공헌이라고도 할 수 있다. 지금으로부터 30년도 더 전에, 미국의 카드사 아메리칸 익스프레스$^{\text{American Express}}$는 '자유의 여신상 복원 프로젝트'라는 캠페인을 실시했다.

이것은 아메리칸 익스프레스 카드를 한 번 이용할 때마다 1센트씩, 그 당시 상당히 낡아 있었던 뉴욕의 상징 자유의 여신상을 복원하기 위한 비용에 기부한다는 것이었다. 고객이 카드를 사용하는 목적에, 쇼핑을 하는 것뿐만 아니라 자유의 여신상 복원에도 기여한다는 목적을 더한 것이다.

그 결과, 카드 이용자 수는 전년 대비 28% 증가했고 신규 가입자 수도 45% 증가했다. 그리고 3개월 만에 170만 달러나 되는 큰돈을 기부할 수 있었다고 한다. 이로써 이 카드사는 회사의 매출과 이미지 모두 상승하였을 뿐 아니라 거액의 기부도 할 수 있었으니, 그야말로 일거양득이었다. 이러한 마케팅 수법을 '코즈 마케팅$^{\text{cause-related}}$

marketing'이라고 한다. 쉽게 말하면 '수익의 일부를 기부함으로써 사회문제의 해결에 기여하는 마케팅 활동'이다.

이 마케팅 수법은 일본에서도 2007년, 프랑스 다논 Danone사의 미네랄워터 브랜드 볼빅 Volvic이 실시한 '1L for 10L' 프로그램을 통해 주목받게 되었다. 이는 볼빅을 구입하면 아프리카 말리 공화국에 우물을 만드는 비용에 기부된다는 것이었다. 캠페인을 시작한 첫해는 전년 대비 31% 증가한 매출을 기록했다. 이것도 역시 어떤 브랜드든 큰 차이가 없는 '물'이라는 상품에 '사회에 공헌할 수 있다'라는 새로운 요소를 더해 '상품의 목적'을 바꿈으로써 히트가 된 것이다. 여러분이 팔려고 하는 상품도 사회 공헌 활동을 통해 더 많이 팔리게 할 수는 없을까?

## 새로운 비전으로 약진한 전통 잡화점

새로 지은 대형 상업시설에서 종종 보게 되는 일본 잡화점이 있다. 운영하는 회사는 창업한 지 300년 이상 된 나라 지방의 전통 기업으로, 원래는 이곳에서 생산되는 고급 마직물인 '나라 사라시'를 제조, 도매, 판매해 왔다. 지금으로부터 15년 전, 13대째를 이은 현재 사장이 대기업을 그만두고 가업을 잇기 위해 이 회사에 입사했을 무렵, 회사의 적자는 계속되고 있었다.

업무 개선을 통해 몇 년 후 흑자로 전환하는 데는 성공했지만 그는 '무엇을 위해 일하고 있는 걸까?'라는 생각이 들기 시작했다. 어디를 향해 나아가야 할지 알 수 없게 되어버린 것이다. 그 회사는 역사가 오래되긴 했지만 비전으로 삼을 만한 '이념'이 없었던 것이다.

당시 제조 작업을 함께하던 협력 회사들이 한 해에도 몇 개씩 폐업 위기에 처하던 가운데, 사장은 '이런 상황이 계속되면 우리 회사 제품을 만들어줄 회사가 없어질 것'이라는 위기감을 느끼게 된다.

같은 시기, 사장은 공예에도 애착을 가지기 시작했기에 자신의 회사에서도 공예를 취급하고 싶다고 생각하게 되었다. 이러한 요소들이 겹쳐 그 안에서 새로운 비전이 생겨났다. 바로 '일본의 공예에 활력을 더한다!'라는 것이었다. 그때부터 회사는 자사 제품의 제조와 더불어 전통 공예 업계로 특화한 컨설팅 사업에도 진출하여, 전국 공예 업체들에 경영이나 브랜드 메이킹에 관한 다양한 컨설팅

과 서포트를 하게 되었다. 그 결과 현재 사장이 입사할 당시에는 약 13억 엔이었던 연 매출이 2016년 말에는 약 47억 엔으로 3배 이상 확대되었다.

여러분도 지금 팔고 있는 상품이 잘 팔리지 않는다면 새로운 비전을 찾아보는 건 어떨까?

## 체중 감소 대신 건강을 목표로 삼은 체중계 회사

타니타TANITA라는 회사는 10년 전까지만 해도 체중계 등 계측기 제조업체로서 아는 사람들만 알 정도의 회사였다. 하지만 최근에는 '타니타 식당', '피츠미fits me' 등 다양한 사업을 하며 '건강 증진에 기여하는 기업'이라는 이미지가 되었다.

이렇게 된 요인 중에는 《타니타 직원식당》이라는 요리책이 시리즈 누계 485만 부 발행이라는 폭발적인 히트를 기록한 것도 있다. 하지만, 그보다 훨씬 전에 '판매 목적'을 바꾼 것이 지금의 발전을 이루게 한 가장 중요한 요인이다.

현재 회장이 사장으로서 경영을 지휘하게 된 1980년대에, 회사는 경영 위기라 할 정도로 바닥을 치고 있는 상황이었다. '이대로는 미래가 없다'라고 생각한 사장은 자사 사업 콘셉트를 크게 바꾸게 된다. '체중계를 파는 회사'에서 '체중 측정을 통해 사람들에게 건강을 제공하는 건강을 측정하는 회사'로 전환한 것이다. 이는 체중 측정의 의미를 심도 있게 탐구한 결과라고도 할 수 있다. 그런 염원을 표현하는 이념이 "우리는 '측정'을 통해 전 세계 사람들의 건강 증진에 기여한다."였다.

이러한 이념으로부터 체지방계가 달린 가정용 체중계 등 히트상품들이 탄생했다. 참고로 '체지방'이라는 단어도 이 회사가 만든 것이다. 이때 이와 동시에 직원들의 건강 유지 및 증진을 목적으로 한 '직원 식당'도 열게 된다. 콘셉트는 '맛있게, 배불리 먹었더니 나도 모르는 사이에 살이 빠졌다'이다. 처음에는 맛이 없다며 혹평도 많았던 직원식당인데 시행착오를 거치며 맛도 개선되어 갔다. 이것이 출판사 편집자의 눈에 들어오게 되면서 이를 주제로 한 요리책을 출간하여 인기를 얻고, '타니타 식당'으로 사업이 이어지게 되었다. 따라서 일찌감치 '판매 목적'을 바꾸었기 때문에 지금의 발전이 있었던 것이다.

여러분의 회사도 사업의 취지를 바꾸고 사업 영역을 재고하면서 큰 발전을 보일 가능성은 없을까?

## 건강해지기 위해 가는 스키장

일본에는 수많은 스키장이 있는데 그중 많은 스키장이 경영난에 허덕이고 있다. 젊은 사람들이 스키를 타러 가지 않게 된 것이 주요 원인이다. 홋카이도 오타루시에 있는 소규모 스키장도 그중 하나다. 오타루에서도 삿포로와 가까운 곳에 있는데 리프트가 두 대밖에 없어 타는 맛이 나지 않는다. 게다가 주변은 대규모 스키장들이 즐비한 '초격전지'다. 이용자 수는 계속 줄어들었고 2012년 폐업이 결정되었다.

스키장 존속을 희망하는 사람들이 서명 활동을 하던 가운데 효고현에 본사를 둔 스키장 운영회사가 이 스키장의 경영권을 취득하며 회생시키로 결정했다. 이 회사는 고객들이 스키장을 이용하는 '목적'을 바꿈으로써 기사회생을 성공시키겠다고 생각했다. 어떤 목적이었을 것 같은가?

바로 '건강 증진'이다. 삿포로에서 최단 30분 정도면 갈 수 있는 입지 조건을 살려 '스키를 타러 가는 게 아니라 피트니스 센터에 가는 느낌'으로 사람들이 오게끔 콘셉트를 변경한 것이다. 우선은 콘셉트에 맞게 요금을 대폭 인하했다. 지금까지는 4개월분 리프트 시즌권이 6만 엔이었는데 그 가격이면 헬스장치고는 비싼 편이라 하여 1개월에 5천 엔꼴로 4개월분 리프트 시즌권을 2만 엔으로 판매했다. 무려 1/3 가격이라는 과감한 인하였다. 스키장 측은 사람들에게 이러한 가격 인하를 알리면서 "헬스장에 가는 것보다 저렴합니다. 건강을 위해 꼭 오세요!"라고 호소했다.

그 결과 첫해 입장객 수는 무려 4배로 증가했다. 리프트 요금은 인하했지만 여러 가지 방법을 연구해 음식점이나 렌탈 이용이 늘면서 매출은 50%나 올랐다.

여러분이 팔려고 하는 제품이나 서비스도 고객의 이용 목적을 바꾸어 잘 팔리게 될 가능성은 없을까?

# 야구 팬이 아닌데 야구장에 간다!?

'관람의 목적'을 바꾸어 비즈니스적으로 큰 성과를 낸 프로야구팀이 있다. 이 야구팀은 일본에서 두 번째로 인구가 많은 요코하마시가 홈구장임에도 성적 부진 등으로 오래도록 인기가 곤두박질쳤고 경영상 큰 적자가 계속되던 '요코하마 DeNA 베이스타스'이다.

2011년 12월 이 구단의 경영 체제가 바뀌면서 당시 35세였던 일본 야구계 최연소 사장이 구단주로 취임했다. 이때 사장은 '고객이 구장에 오는 목적'을 바꾸기로 결심한다. 그것은 '야구를 보러 가는 것이 아니라 거대한 선술집에서 야구를 안주 삼아 맥주를 즐기기 위해 간다'라는 것이었다.

그는 먼저 맥주 판매에 주력하며 첫 삽을 뜬다. 오리지널 양조 맥주를 판매하고, 요코하마 전체에 시합 고지나 선수 소개보다도 먼저 맥주를 메인으로 한 광고를 냈다. 프로야구 구단 광고로서는 이례적인 시도였다.

'야구에 관심이 없는 사람들이나 구단 팬이 아닌 사람들도 한 번쯤은 그 맥주를 맛보기 위해 구장에 오게 하자'라는 것이 그가 노린 바였다. 여름철에는 인근 공원에도 비어 가든을 설치했다. 가나가와현 내 B급 맛집들을 모아 구장에 들어가지 않아도 구장 분위기를 즐기면서 맥주를 마실 수 있게 한다는 시도였다.

그러는 한편, 구장에는 스탠드 최상단에 '파티 스카이 데크'를 신설했다. 이것은 4~6명이 앉을 수 있는 테이블과 여유 있는 시트로 퇴근길 단체 손님이나 가족들이 그 '자리'를 더욱 즐길 수 있도록 만든 것이었다. 또 시합 중일 때는 물론이고 시합 전후에도 음악이나 영상, 조명, 불꽃놀이 등을 이용한 세리머니나 이벤트를 열어서 팬이 아니어도 즐길 수 있는 방법들을 연구했다.

선수들에게 친근감을 느낄 수 있도록 다양한 시도 점점 늘렸다. 특히 선수들의 트레이닝 시간에 백스크린 아래 반입구 문을 통해 트레이닝 풍경을 볼 수 있게 했는데 그곳이 최적의 촬영 스폿이 되면서 SNS 등으로 널리 퍼져 나갔다.

야간경기를 하는 날의 새벽에는 구장을 개방하여 캐치볼을 할 수 있는 '드림 게이트 캐치볼DREAM GATE CATCHBALL'을 개최하기도 하고, 경기가 끝난 후 티켓을 가지고 있는 사람들이라면 누구든 그라운드에서 공 멀리 던지기를 체험해 볼 수 있는 '아재들의 멀리던지기 대회', 야구를 하던 사람들을 타깃으로 한 '꿈의 프로 테스트 체험' 등도 실시했다.

이렇게 다양한 시도를 한 결과 관객 동원 수는 경영 승계 전 시즌 연간 110만 명에서 3년째에는 140만 명을 돌파했고, 5년째인 2016년도에는 194만 명으로 대폭 증가했다. 또 맥주를 비롯한 구장 내 음식 판매율도 관객 동원 증가 이상으로 대폭 증가했다고 한다.

이 야구팀의 마케팅이 크게 성공한 것은 '야구 관람의 근본적인 목적'을 바꾸었기 때문이기도 하고 '구장이라는 상품의 셀링 포인트'를 바꾸었기 때문이기도 했다. 그 후 구단은 이에 그치지 않고 2~6장에 소개했듯 '시간', '장소', '사람', '가격', '방식' 등도 계속해서 바꿔나갔다.

이렇듯 먼저 상품을 사고 파는 목적이라는 근본적인 부분을 바꾼 후 '시간', '장소', '사람', '가격', '방식' 등을 바꾸는 것이야말로 보다 큰 성과를 낳는 비결이라고 할 수 있다.

## 제7장 정리

여러분이 상품의 '판매 목적'을 바꾸면 더욱 잘 팔릴 수 없는지 다음의 관점에서 다시 생각해 보자.

- 많은 사람이 '공감'할 만한 이념을 내세워 판매로 연결할 수 없을까?

- 여러분의 상품도 사회 공헌 활동을 통해 더욱더 잘 팔리게 할 수 없을까?

- 지금 하고 있는 사업이나 팔고 있는 상품의 '새로운 비전'을 찾아보는 건 어떨까?

- '사업영역'의 재고를 통해 큰 발전을 이룰 수 있지 않을까?

- 여러분이 팔려고 하는 제품이나 서비스는 고객의 '이용 목적'을 바꿈으로써 더욱 잘 팔리게 할 수 없을까?

## 마치며

지금까지 소개한 판매 방법을 되돌아보자.

① 셀링 포인트를 바꿔라

② 시간을 바꿔라

③ 장소를 바꿔라

④ 사람을 바꿔라

⑤ 가격을 바꿔라

⑥ 방식을 바꿔라

⑦ 목적을 바꿔라

자, 뭔가 떠오르는 것이 없는가? 감이 좋은 사람들이라면 이미 알아차렸을 것이다. 각각 영어로 고쳐보자.

① '셀링 포인트=What' 바꾸기

② '시간=When' 바꾸기

③ '장소=Where' 바꾸기

④ '사람=Who Whom' 바꾸기

⑤ '가격=How much' 바꾸기

⑥ '방식=How' 바꾸기

⑦ '목적=Why' 바꾸기

※ What은 본래 상품 그 자체를 가리키지만 이 책에서는 상품을 대표하는 특징인 셀링 포인트를 가리킨다.

5W1H(Who What When Where Why How)에 대해서는 들어본 적이 있을 것이다. 뉴스 원고 등을 쓸 때 필요한 요소들이다. 여기에 How much를 붙여 '5W2H'. 그렇다. 사실 이 책은 그저 막연하게 쓴 것이 아니라 이 '5W2H'에 따라 '판매 방법'을 바꾸는 제안을 한 것이다. '상품은 그대로 두고 파는 방법만을 바꾼다'라는 이 책의 콘셉트를 들었을 때, 무언가 프레임이 될 만한 것이 필요하다고 생각했다. 그래서 생각난 것이 '5W2H'라는 프레임이었다.

이 '5W2H를 바꾼다'라는 수법은 심플한 듯 보여도 꽤 대단한 것이다. 이 책은 '상품은 그대로 두고 파는 법만 바꾼다. 파는 법만 바꿔서 잘 팔리게 된 아이디어를 가득 담아 전한다. 그것도 될 수 있는 한 쉽게, 어려운 마케팅 용어는 빼고'라는 제약을 붙여 쓴 책이기 때문에 지금까지 굳이 언급하지 않았지만, 사실 각 장에서 다룬 방법들이 이른바 세간에서 말하는 '마케팅'이며, 이 책에 대부분의 마케팅 전략이 총망라되어 있다고 해도 과언은 아니다.

더욱 중요한 포인트가 있다. 상품을 더 잘 팔기 위해 5W2H를 바꾸는 과정에서 현장에 '열의'가 생겨나는 것이다. 팔리지 않는다고 해서 가만히 앉아서 기다린다고 갑자기 잘 팔리는 일은 없다.

물론 '5W2H'는 마법의 지팡이가 아니기 때문에 이 요소들을 바꾸었다고 해서 이 책의 사례와 같이 잘 팔린다는 보장은 없다.

그래도 진지하게 시도하면 바로 성공으로 이어지지 않는다고 할지라도 현장에 이전에 없던 '열의'가 생기게 된다. 현장에 '열의'가 있는지의 여부는 '탁상 위의 마케팅 전략'보다도 더욱 중요한 것이다. 전 세계를 바꾸는 발명이나 발견도 대개는 단 한 사람의 '열의'에서 탄생한다.

비즈니스나 장사도 마찬가지다. 먼저 처음 한 명이 '열의'를 가지고, 그것이 주변에 전해질 때 처음으로 비즈니스가 성공하는 것이다. 이 책에서 취급한 사례도 중심인물들의 '열의'가 없었다면 '매출'로 이어지지 못했을 것들이 대부분이다. 주변에서는 반대의 목소리만 가득한 가운데, 떠오른 아이디어를 밀어붙임으로써 폭발적인 매출을 이끌어낸 케이스도 많았다. 그 마찰이 '열의'가 된 것이다.

판매자에게 '열의'가 없다면 소비자는 사고 싶은 마음이 들지 않는다.

축제 포장마차 등에서 제공되는 '야끼소바'를 떠올려 보시길. 철판이 뜨겁지 않다면 어떨까? 아무리 맛있는 야끼소바라도 완성품을 차가운 철판 위에 놔두기만 해서는 맛있어 보이지 않는다. 반대로 철판만 뜨겁다면 재료나 요리 방법이 다소 대충이더라도 오감을 자극해 맛있게 보이는 법이다.

이 책을 참고로 해서 '5W2H를 바꾸는' 판매 방법을 활용해 보길 바란다. '혼자서 5W2H 브레인스토밍'을 하거나 영업부에서 '5W2H 회의'를 열어 아이디어를 내보는 것도 좋은 방법이다. 그리고 '이거다!' 하고 생각한 것을 실행하고 판매해 먼저 현장에 '열의'를 만들기 바란다.

여러분 한 명이 의지로 가득 차 있어도 처음에는 그 열의가 주변에 쉽게 전해지지 않을지도 모른다. 캠핑에서 숯에 불을 붙일 때처럼 말이다. 하지만 그럴수록 허둥거리면서라도 바쁘게 바람을 불어넣고, 다른 숯에 불이 옮겨붙도록 노력할 필요가 있다.

물론 다른 숯에 쉽게 불이 옮겨붙지 않을 수도 있다.

'그런 거 해봤자 소용없어', '전에도 해봤지만 효과가 없더라' 등과 같이 찬물을 끼얹는 사람들도 많을 것이다. 좌절하거나 열정이 식을지도 모른다. 하지만 내 안의 불이 꺼져버리면 끝이다. 열심히 해서 부디 자신의 '열의'를 계속 유지하기 바란다.

그렇게 하면 언젠가 반드시 다른 숯으로 불이 옮겨붙어 철판이 달궈질 것이다. 그거면 된다. 거기서 만들어진 요리에는 반드시 '스토리의 씨앗'이 생겨 있을 것이다. 물론 '열의'만 가지고는 헛돌게 될 가능성도 크다. '열정'을 계속 가지고서 차가운 머리로 판매 방법을 연구하는 게 중요하다. 그때 이 책에서 소개하는 '5W2H'의 프레임이 도움이 될 것이다. 독자 여러분이 이 책의 사례에서 힌트를 얻어, '안 팔리던 것이 팔린' 또 다른 사례들이 탄생할 수 있다면 저자로서 더할 나위 없이 기쁠 것이다. 성과가 있다면 꼭 알려주시길.

# 안 팔려서 답답할 때 읽는 판매의 기술

초판 발행 | 2022년 6월 10일
펴낸곳 | 비즈니스랩
발행인 | 현호영
지은이 | 가와카미 데쓰야
옮긴이 | 장재희
편　집 | 현다연
디자인 | 장은영
주　소 | 서울시 마포구 월드컵로 1길 14, 딜라이트스퀘어 114호
팩　스 | 070.8224.4322
이메일 | uxreviewkorea@gmail.com

ISBN 979-11-92143-29-3

비즈니스랩은 유엑스리뷰 출판그룹의 경제경영 전문 서적 브랜드입니다.

**URENAIMONO WO URUHOHO? SONNAMONO GA HONTONI ARUNARA OSHIETEKUDASAI!**
Copyright © 2017 Tetsuya Kawakami
All rights reserved.

Original Japanese edition published in 2017 by SB Creative Corp.
Korean translation rights arranged with SB Creative Corp., Tokyo
through Eric Yang Agency Co., Seoul.
Korean translation rights ©2022 by UX REVIEW

이 책의 한국어판 저작권은 에릭양에이전시를 통한 SB Creative Corp.와의 독점 계약으로 유엑스리뷰가 소유합니다. 저작권법에 의하여 한국 내에서 보호를 받는 저작물이므로 무단전재와 무단복제를 금합니다.